Peter Dyckhoff

Herr, sprich nur ein Wort

Kraft und Lebensmut aus der Bibel

PETER DYCKHOFF

Herr, sprich nur ein WORT …

Kraft und Lebensmut aus der Bibel

benno

Bibliografische Information der
Deutschen Nationalbibliothek
Die Deutsche Nationalbibliothek verzeichnet diese
Publikation in der Deutschen Nationalbibliografie;
detaillierte bibliografische Informationen sind im Internet
über http://dnb.d-nb.de abrufbar.

Besuchen Sie uns im Internet:
www.st-benno.de

Gern informieren wir Sie unverbindlich und aktuell auch
in unserem Newsletter zum Verlagsprogramm,
zu Neuerscheinungen und Aktionen. Einfach anmelden
unter www.st-benno.de

ISBN 978-3-7462-5445-6

Umschlaggestaltung: Rungwerth Design, Düsseldorf
Umschlagabbildung: © Galyna Andrushko/Fotolia
Gesamtherstellung: Kontext, Lemsel (A)

Inhalt

Ein Wort zuvor

Liebe Leserin und lieber Leser!

Sie sollten sich, bevor Sie mit der Lektüre dieses Buches beginnen, ein klares Bild davon machen, was Sie erwartet und worauf Sie sich freuen dürfen. Ich möchte als Autor in diesem Vor-Satz aber auch das ansprechen, was Sie nicht erwartet.

Als katholischer Priester und Gemeindepfarrer habe ich es allzu häufig erlebt und erlebe es ständig wieder, dass es vielen Gläubigen schwerfällt, die Worte aus der Heiligen Schrift, vornehmlich die Worte Jesu selbst, auf ihre gegenwärtige Lebenssituation zu beziehen. Zu den wichtigen Aufgaben eines Geistlichen gehört es, eine Brücke zu schlagen zwischen der Situation, in der sich ein Mensch gerade befindet, und dem Wort Gottes, das der Herr immer neu in unsere Gegenwart spricht.

Dieses Buch möchte dabei ein Begleiter und eventuell auch Türöffner sein, um den Ratsuchenden in neue Räume, das heißt, Denk- und Betrachtungsweisen zu führen, die ihm Lösungen für sein Problem anbieten. Der Leser bekommt den Impuls, sich mit Unterstützung des göttlichen Wortes und der göttlichen Gnade auf einen neuen Weg zu begeben. Wenn man sich in Begleitung des göttlichen Wortes aus der Heiligen Schrift vertrauensvoll neu orientiert, darf man sicher sein, auf seinem weiteren Weg gut beraten und gut geführt zu werden.

Diese Situation habe ich versucht aufzugreifen, indem ich zunächst eine Begebenheit schildere, in der Menschen sich verfangen haben und nach einer Befreiung suchen. Es können aber auch Lebenssituationen sein, in denen Menschen großartig gehandelt haben und durch die Heilige Schrift Bestätigung bekommen. Am Anfang eines jeden geschilderten Erlebnisses steht ein Bibelzitat;

ebenso klingt die Begebenheit mit einem oder mehreren Worten aus der Bibel aus.
Die ausgewählten Worte nehmen nicht für sich in Anspruch, eine konkrete Lösung der angesprochenen Lebenssituation zu sein. Mit Hilfe göttlicher Unterstützung müssen wir – und das jeder für sich – unseren individuellen Weg finden und ihn auch gehen. Die Texte dieses Buches möchten uns in unserem Individuationsprozess zu größerer Klarheit und Entschiedenheit führen, uns die Frage nach dem Sinn des Lebens näher bringen und vor allem bewusst machen, dass die Weltgeschichte seit der Geburt Jesu Christi zur Heilsgeschichte geworden ist.
Wer sich mit diesem Buch beschäftigt, darf nicht erwarten, fertige Lösungen für sein Problem zu finden. Das wäre zu einfach und ist auch kaum vorstellbar, da wir alle in einem Prozess stehen, der uns reif für den „Himmel" machen möchte. Wenn wir versuchen, uns guten Willens dem Herrn zu nähern, wird uns eine größere Offenbarung seiner Geheimnisse zuteil. Dies kann nicht durch reines Denken geschehen, sondern muss von praktischer Erfahrung begleitet sein. Damit ist gesagt, dass wir manches Mal mit einem uns auferlegten Kreuz eine längere Zeit leben müssen, ohne den Herrn aus unseren Augen und unserem Herzen zu verlieren; auch dürfen wir der Hoffnung auf Gottes Liebe und unsere Erlösung durch ihn nicht verlustig werden.
Durch die Bibelzitate soll zwar eine mögliche Lösung des beschriebenen Problems angedeutet werden, doch in erster Linie soll eine Verbindung zum Schöpfer hergestellt werden, aus der der zu Gott Aufschauende neue Hoffnung und Lebensmut schöpft, durch, mit und in Christus sein Leben zu meistern.
„Herr, sprich nur ein Wort ..." – der Titel dieses Buches, spiegelt diese Situation wider: Der Mensch richtet sich in jeder Lebenslage betend auf den Herrn aus und ist bereit, mit Geduld, in Hinga-

be und mit Gottesliebe den Herrn zu empfangen. In der Heiligen Schrift heißt es: „Als er nach Kafarnaum kam, trat ein Hauptmann an ihn heran und bat ihn: Herr, mein Diener liegt gelähmt zu Hause und hat große Schmerzen. Jesus sagte zu ihm: Ich will kommen und ihn heilen. Und der Hauptmann antwortete: Herr, ich bin es nicht wert, dass du unter mein Dach einkehrst; aber sprich nur ein Wort, dann wird mein Diener gesund" (Matthäus 8,5-8).
In der heiligen Messe betet der Priester zur Kommunion gemeinsam mit der Gemeinde: „Herr, ich bin nicht würdig, dass du eingehst unter mein Dach, aber sprich nur ein Wort, so wird meine Seele gesund." Dieses Buch möchte diese Haltung des Gläubigen aufgreifen, dass Gott zu jeder Zeit uns Erlösung und Einsicht schenken kann, wir uns dazu aber bereiten müssen und aus Eigenwillen keine Lösung unserer Lebenssituation erzwingen können.
Bevor ich Priester wurde, machte ich die grundlegende Erfahrung, dass ich durch die Psychologie allein in meinem Leben nicht weiter kam, sondern die Lösung eines Problems allein in Gottes Händen liegt. Diese Haltung möchte auch dieses Buch wiedergeben, indem es auf die geschilderte Lebenssituation Worte aus der Heiligen Schrift anbietet, die den Menschen auf seinem Entwicklungsweg zu Gott weiterführen können. Oft bedarf es einer Wartezeit und größeren Sensibilisierung, bis wir die leise Sprache Gottes verstehen und die Zeichen wahrnehmen, die er uns auf unseren Lebensweg stellt.

Dieses Buch, in dem die Heilige Schrift Antworten auf Fragen des Lebens gibt, möchte Menschen jeden Alters ansprechen. Es ist ein persönliches Buch, das aus eigener Lebenserfahrung geschrieben wurde.
Wie oft haben Sie sich schon gefragt, warum ein Schicksalsschlag gerade Sie trifft? Der Grund vieler Ereignisse im menschlichen

Leben bleibt uns vorerst verschlossen. Wir versuchen, ihren Sinn zu ergründen. Auf der anderen Seite stehen wir betroffen und fragend vor der Wirklichkeit von Leid und Tod. Manchmal geraten wir in Lebenssituationen, die uns an eine Grenze führen – besonders, wenn uns die eigene Vergänglichkeit schmerzhaft bewusst wird. In solchen Situationen haben wir den Wunsch, bleibende geistliche Werte zu erfahren. Diese können letztlich nur in der Wirklichkeit Gottes gründen. Sein Wort, das uns die Bibel überliefert, kann zur tragenden Kraft des Lebens werden.

Die Voraussetzung, um auf diesem geistlichen Weg weiterzukommen, besteht darin, sich erst einmal selbst zu begegnen und die eigene Wirklichkeit aufzudecken. Dazu gehört es, die in jeder Versuchung steckende Leidenschaft nicht zu bekämpfen, sondern diese Kraft anzunehmen, damit sie von der Mitte unseres Christseins her verwandelt werden kann. Diese Erfahrung lehrt uns zu erkennen, was Menschsein bedeutet, und die Wege zu unterscheiden, die zu Gott führen und die von Gott trennen.

Das göttliche Wort, das jeder Geschichte zugeordnet ist, möchte trösten, aufrichten und heilen. Die Not des Einzelnen, die individuell geschildert wird, spiegelt die Nöte vieler Menschen wider. So ist auch das göttliche Wort in der Lage, in den unterschiedlichsten Lebenssituationen Wegweisung zu sein und Heil zu spenden.

Das Wort Gottes, das jedem Menschen individuell zugesprochen wird, möchte

- uns an den eigentlichen Sinn des Lebens heranführen
- unseren Glauben vertiefen
- uns die Heilige Schrift näher bringen
- uns auf eigene Füße stellen
- uns dazu bewegen, Unabwendbares anzunehmen
- uns lehren, mit Grenzsituationen besser umzugehen
- in uns den Geist der Unterscheidung schärfen

- bei uns Verständnis für andere Menschen entwickeln
- Lebenshilfe geben

Sollten Sie selbst sich in einer der in diesem Buch geschilderten Situation befinden, so wünsche ich Ihnen, dass Sie eine Erklärung finden, die es Ihnen leichter macht, das eventuelle Kreuz zu tragen, oder dass Ihnen die Lösung eines anstehenden Problems geschenkt wird.
Die Weisheit der Heiligen Schrift möge Sie auf Ihrem Weg weiter begleiten und unterstützen.

Peter Dyckhoff

MENSCH unter Menschen sein

Menschlichkeit und Liebe

Das ist mein Gebot,
dass ihr einander liebt,
so wie ich euch geliebt habe.

(Johannes 15,12)

Schweigen

Der Mund des Gerechten ist ein Lebensquell,
im Mund der Frevler versteckt sich Gewalttat.
Hass weckt Streit, Liebe deckt alle Vergehen zu.
(Sprichwörter 10,11-12)

Meine Mutter sah in ihrem Alter leidenschaftlich gern Kriminalfilme im Fernsehen. Sie lebte allein in einem Haus mit Zimmern zu ebener Erde. In ihrem Schlafzimmer hatte sie ein Fernsehgerät, das sie von ihrem Bett aus bediente. An Abenden mit einem Programm, das sie interessierte, ging sie schon sehr früh zu Bett, um die Sendung in aller Gemütlichkeit genießen zu können. Als an einem Freitagabend die Sendung „XY ungelöst" mit Eduard Zimmermann lief, hörte Mutter unter ihrem Schlafzimmerfenster seltsame Geräusche. Es war Sommer. Sie hatte das Fenster weit geöffnet, die beiden Blendläden vor dem Fenster jedoch geschlossen. Plötzlich sah sie, wie Hände mit weißen Handschuhen die Blendläden aus den Angeln hoben, und starrte wie gebannt auf das offene Fenster.

Nacheinander, jedoch sehr schnell, stiegen fünf vermummte Männer in ihr Schlafzimmer. Zwei rissen ihren Kleiderschrank auf und warfen ihre Blusen auf den Boden, während ein anderer die zehn Meter lange Telefonschnur aus der Wand riss. In Windeseile wurden die Ärmel aus einigen Blusen gerissen und fest aneinander geknotet. Dann wurde Mutter mit diesem „Strick" gefesselt und mit der Telefonschnur wurden ihre Beine aneinander gebunden. Einer der Einbrecher blieb zur Bewachung auf ihrem Bettrand sitzen, während die anderen das Haus nach Wertsachen durchsuchten. Mutter, die niemals in ihrem Leben Angst zeigte,

begann ein Gespräch und machte ihrem Bewacher die schlimmen Folgen eines solchen Einbruchs deutlich. Der junge Mann sagte, er sei zum ersten Mal dabei, und er habe starkes Herzklopfen. Er warnte Mutter davor zu schreien und um Hilfe zu rufen. Dann nahm er ihr vorsichtig ihren Armreif und ihre Ringe ab und versteckte sie mit der Geldbörse, die auf dem Nachttisch lag, weit hinten in der Nachttischschublade. „Damit meine Leute Ihnen nicht auch das noch wegnehmen", sagte er leise. Was ihnen wertvoll erschien, hatten sie in Kissenbezüge gestopft, und genauso schnell, wie sie gekommen waren, verschwanden alle wieder.
Außer einer kleinen Verletzung am Fuß und einem tiefsitzenden Schock ist Mutter zum Glück nicht weiter zu Schaden gekommen. Sie konnte sich von ihren Fesseln befreien und die Polizei rufen. Gefasst wurde niemand. Nach mehr als einem Jahr sollte Mutter bei der Kriminalpolizei einen Mann identifizieren, der möglicherweise an dem Einbruch beteiligt war. Mutter erkannte ihn. Es war der Mann, der auf ihrer Bettkante gesessen hatte. Sie drückte ihm ein Auge zu und sagte: „Ich habe ihn noch nie zuvor gesehen."
Ich fragte Mutter, warum sie den Einbrecher geschützt habe. Sie war fest davon überzeugt, dass der junge Mann ohne die gerichtliche Strafverfolgung eher wieder zu einem „geordneten" Leben zurückfände als durch ein Strafverfahren und eine Gefängnisstrafe.

Wer einen Sünder, der auf einem Irrweg ist, zur Umkehr bewegt, rettet ihn vor dem Tod und deckt viele Sünden zu.
(Jakobusbrief 5,20)

Dazu stehen

Zögere nicht, einen Kranken zu besuchen,
denn dafür wirst du geliebt!
(Jesus Sirach 7,35)

„Die meisten unserer Bekannten sagten sowohl im Vorhinein als auch im Nachhinein zu meiner Frau und mir, warum wir nicht den anderen Weg gewählt hätten, anstatt unser Leben total von unserem behinderten Sohn bestimmen zu lassen. Für meine Frau und mich gab es jedoch nichts anderes, als Christian in diese Welt eintreten zu lassen und herzlich willkommen zu heißen. Schon vor seiner Geburt wussten wir, dass er das Down-Syndrom hatte. Selbstverständlich erkundigten wir uns genau und erfuhren von der Schwere dieser Krankheit, bei der das 21. Chromosom oder Teile davon dreifach vorhanden sind. Daher bezeichnet man diese Krankheit auch als Trisomie 21. Wegen der rundlichen Gesichtsform und den mandelförmigen Augen nannte man sie früher auch Mongolismus. Die Mongolen jedoch haben bei der Welt-Gesundheits-Organisation bewirkt, dass dieser Name beim Down-Syndrom keine Verwendung mehr findet. Wissenschaftlich wurden bereits die typischen Symptome der Trisomie 21 am Skelett einer Frau nachgewiesen, die vor rund 2550 Jahren verstorben war.

Christian ist ein liebenswürdiges Kind, und wir würden es niemals hergeben. Mit wirklich gutem Erfolg fordern und fördern wir ihn, wo wir nur können. Organisch ist er bis auf einen leichten Herzfehler und eine Schwerhörigkeit gesund. Er besucht eine Sonderschule für Behinderte ganz in unserer Nähe und wird an Werktagen regelmäßig vor unserer Haustür abgeholt. Christian geht gern mit uns zusammen zur Kirche und besonders zur heiligen Messe. Während der gesamten Zeit ist er still und hört und sieht dem Geschehen zu. Selbst zur heiligen Kommunion geht er mit uns nach vorn und empfängt andächtig den Leib des Herrn. Dabei hat er eine große Freude ...

Leider haben jedoch meine Frau und ich wiederholt festgestellt, dass eine vollständige gesellschaftliche Integration und eine vorbehaltlose Akzeptanz der Menschen mit einem Down-Syndrom noch nicht erreicht sind. In den Sommerferien fahren wir zusammen entweder an die Nordsee oder in die Berge. Christian fährt gern mit dem Auto, und selbst einige Stunden Fahrt machen ihm nichts aus. Wenn wir an einer Raststätte halten, um zur Toilette zu gehen, zu tanken und etwas zu trinken, fällt mir besonders auf, dass andere Leute langsamer gehen oder gar stehen bleiben, um auf Christian zu schauen. Wir lassen ihn niemals allein, und so geht er mit zur Kasse, bedient sich selbst mit dem, was er gern haben möchte, und ist sogar in der Lage, sein Tablett selbst zu tragen. Wir sind stolz auf ihn, und immer mehr lernt er noch dazu.

Was meiner Frau und mir allerdings sehr weh tut: Viele fremde Menschen machen einen Bogen um uns oder halten Abstand. Das wird ganz besonders deutlich, wenn wir zu Tisch gehen. Selbst wenn das Lokal gut besetzt ist, bleibt der Tisch neben uns regelmäßig leer. Wenn neue Gäste kommen und auf diesen leeren Tisch zugehen, kehren sie sofort um, wenn sie sehen, wer neben ihnen sitzen würde. Ob Christian es bemerkt hat, wissen wir nicht. Vor ihm reden wir nicht darüber. Auch in unserem Ferienhotel oder Gasthof ist es nicht anders; wir erhalten regelmäßig einen separaten Tisch zugewiesen."

Es war einmal ein ganz alter Mann, seine Augen waren trüb, die Ohren taub und seine Knie zitterten. Wenn er bei Tisch saß und den Löffel kaum halten konnte, schüttete er Suppe auf das Tischtuch. Sein Sohn und dessen Frau, bei denen er lebte, ekelten sich davor, und deswegen musste sich der alte Großvater zum Essen hinter den Ofen in eine Ecke setzen. Traurig sah er zum Tisch seiner Kinder hinüber, und er musste weinen. Einmal konnten seine zitterigen Hände den Teller nicht festhalten, er fiel zur Boden und zerbrach. Die junge Frau schimpfte, er sagte aber nichts. Man kaufte ihm einen Teller aus Holz, von dem er nun essen musste. Als sie einmal wieder bei Tisch saßen, holte der Enkel – er war vier Jahre alt – zwei kleine Bretter und begann sie auszukerben. „Was machst du da?“, fragte der Vater. „Ich mache einen Holzteller“, antwortete das Kind, „daraus sollen Vater und Mutter essen, wenn ich groß bin.“ Da sahen sich Mann und Frau eine Weile an und fingen an zu weinen. Sie holten sofort den alten Großvater an den Tisch und ließen ihn von nun an immer mitessen. Sie sagten auch nichts, wenn er ein wenig verschüttete. (Nach den Gebrüdern Grimm)

Darum nehmt einander an, wie auch Christus uns angenommen hat, zur Ehre Gottes!

(Römerbrief 15,7)

Diese Krankheit führt nicht zum Tod, sondern dient der Verherrlichung Gottes. Durch sie soll der Sohn Gottes verherrlicht werden.

(Johannes 11,4)

Hingabe

Das ist mein Gebot, dass ihr einander liebt, so wie ich euch geliebt habe. Es gibt keine größere Liebe, als wenn einer sein Leben für seine Freunde hingibt.
(Johannes 15,12-13)

Am 24. Februar feiert die Kirche das Fest des Apostels Matthias, der anstelle des Judas Iskariot zum Apostelkollegium gewählt wurde. Er soll in Äthiopien gewirkt und das Martyrium erlitten haben. Bevor ich abends in der Pfarrkirche St. Georg die heilige Messe feierte, empfand ich es als notwendig, zum Friseur zu gehen, um mir die Haare schneiden zu lassen. Als ich den Salon betrat, begrüßte mich die Friseurin und bot mir einen Sessel an, der etwas außerhalb der anderen Plätze stand. Ich stutzte einen Augenblick, denn sonst hatte ich immer die freie Wahl, mich zu setzen, wo es mir am besten gefiel.
Als sie mit dem Schneiden der Haare begann, sah ich ihr ernstes Gesicht im Spiegel mir gegenüber. Ich spürte, dass sie mir etwas sagen wollte und mich daher entfernt von den anderen Kunden platziert hatte. So erfuhr ich, dass ihr Vater, der im Westerwald wohnt, schwer an Leberkrebs erkrankt ist. „Ich war gerade eine Woche bei ihm, um ihn zu unterstützen so gut es ging. Die Diagnose, die er vor ein paar Tagen erhielt, hat ihn zutiefst erschüttert, zumal der Krebs bereits Metastasen in der Lunge gebildet hat. Was zu machen ist und wie die Behandlung erfolgt, erfährt Vater in einigen Tagen. Wir sind auf alles gefasst, und ich habe ihm gesagt, wie ich ihm helfen möchte."
Sie sprach sehr bewegt und ich spürte, dass es ihr gut tat, etwas anzusprechen, womit sie sich zurzeit auseinandersetzte. Das,

was sie sagte, war für mich völlig neu. Bei einem Leberkarzinom bildet sich bösartiges Gewebe in der Leber und erst nach längerer Zeit treten Beschwerden auf wie Gelbsucht, Müdigkeit und vor allem Schmerzen. Männer sind häufiger betroffen als Frauen.
„Tumore, die bei meinem Vater vor Jahren im Magen- und Darmbereich entstanden sind – er wurde damals erfolgreich operiert –, sind von der Leber aufgenommen worden. Jetzt müssen wir das Ergebnis der Computertomografie abwarten, um einen endgültigen Befund zu haben", sagte sie leise, damit niemand von den anderen Kunden es hören konnte.
Die Leber, die Entgiftungsstation im menschlichen Körper, hat eine Eigenschaft, die sie von den meisten anderen Organen unterscheidet: Sie ist in der Lage, sich zu erneuern. Wenn Teile der Leber operativ entfernt werden, beginnt die Leber mit der Regeneration der fehlenden Bereiche. Das Nachwachsen geschieht in nur wenigen Wochen. „Ich habe meinem Vater in einem langen Gespräch unter vier Augen gesagt, dass ich ihm einen Teil meiner Leber spenden möchte. Er ist der Mensch, den ich neben meinem Mann unendlich liebe. Sollte ich da nicht alles für ihn tun? Das ist für mich doch selbstverständlich."
Ich schaute in den Spiegel und sah meine Friseurin an – in Hochachtung und höchster Anerkennung dessen, was sie vorhatte, für ihren Vater zu tun. Ich fragte mich: „Wäre auch ich in der Lage, ein solches eingreifendes Opfer der Nächstenliebe zu bringen?" Als ich wieder aufblickte und sie im Spiegel hinter mir stehen sah, erlebte ich in ihr auf einmal einen ganz anderen Menschen. Leben denn die heiligmäßigen Menschen bereits unter uns, und wir sehen sie nicht?
Als ich am Abend in der heiligen Messe aus dem Evangelium die Sätze las: „Das ist mein Gebot, dass ihr einander liebt, so wie ich euch geliebt habe. Es gibt keine größere Liebe, als wenn einer

sein Leben für seine Freunde hingibt", musste ich innehalten. Am liebsten hätte ich meine Begegnung vom Vormittag, die mich zutiefst berührt hatte, an dieser Stelle allen erzählt.

Wenn du jetzt etwas hast, sag nicht zu deinem Nächsten: Geh, komm wieder, morgen will ich dir etwas geben!
(Sprichwörter 3,28)

Wer Erbarmen hat, borgt dem Nächsten, und wer dessen Hand unterstützt, beachtet die Gebote.
(Jesus Sirach 29,1)

Besser-wissen

Ein Kranz der Alten ist reiche Erfahrung,
ihr Ruhm ist die Furcht des Herrn.
(Jesus Sirach 25,6)

„Wir haben uns in allem immer recht gut verstanden – meine Schwester und ich. Nach dem Tod unserer Eltern ging unser Familienunternehmen zu gleichen Teilen an uns über. Bei großen Entscheidungen waren wir uns immer einig und bei schwerwiegenden Problemen spielten wir uns konstruktiv die Bälle zu. Das war allerdings nur möglich, weil wir beide ganztägig im Unternehmen arbeiteten. Meine Schwester kümmerte sich hauptsächlich um den Entwurf und die Gestaltung neuer Artikel sowie um unsere Kunden und die Vertreter. Mir fiel dagegen die Aufgabe der technischen Leitung und der Produktion zu. Finanzwirtschaftliche Pläne erstellten wir gemeinsam mit unserem Steuerberater, der auch für die Bilanz verantwortlich war. In dieser Konstellation und mit einem hervorragenden Team ließ es sich gut arbeiten, sodass wir nach relativ schlechten Jahren keine roten Zahlen mehr schrieben, sondern sogar Gewinne machten.
Als meine Schwester dann ihren zukünftigen Mann kennenlernte und ihn schon bald darauf mit in unser Unternehmen brachte, wurde alles anders. Ich fühlte mich beobachtet, gedrängt und stark kritisiert. Viele ältere Mitarbeiter stöhnten und schütteten ihr Herz bei mir aus: Das gute Arbeitsklima sei nun einem allgemeinen Misstrauen gewichen. Sie sagten, ich dürfe diesen schlechten Einfluss meines Schwagers nicht zulassen und müsse mich ihm gegenüber mehr behaupten. Mit fünfzig Prozent Beteiligung sind mir jedoch die Hände gebunden. Meine Schwester sieht es nicht

oder will es nicht sehen, wie er in alles eingreift und vieles verändern möchte, obwohl er gerade erst seinen Abschluss an der Universität gemacht hat und ihm sowohl praktische Erfahrungen als auch Menschenkenntnis fehlen. Er will sich beweisen und meint, durch sein Betriebswirtschaftsstudium alles besser machen zu können als andere, die zum Teil schon mehr als zehn Jahre an ihrem Arbeitsplatz stehen. Es ist schmerzlich zu sehen, wie durch bloße Theorie und Besserwisserei ein gesundes Fundament aus den Angeln gehoben wird und unser so gesundes Unternehmen auf eine wahre Krise zusteuert."
Der junge Mann, der zu mir zum Gespräch kam, musste an der Seite seines Schwagers noch einiges mitmachen, ehe er so viel Durchsetzungsvermögen entwickelte, dass er ihn nicht nur in seine Schranken verweisen konnte, sondern ihn auch davon überzeugte, eine Anstellung in einem anderen Unternehmen zu suchen.

Sei schnell in deinem Hören und erhebe mit Bedacht deine Stimme zur Antwort!
Wenn du Einsicht hast, antworte dem Nächsten,
wenn aber nicht, sei deine Hand auf deinem Mund!
Ehre und Verachtung liegen im Geschwätz;
die Zunge des Menschen bringt ihn zu Fall.
(Jesus Sirach 5,11–13)

Ein Mann, der herumgekommen ist, hat viel kennengelernt
und der Vielerfahrene wird Einsicht weitergeben.
Wer nicht auf die Probe gestellt wurde, weiß wenig.
Wer aber herumgekommen ist, wird an Klugheit dazugewinnen.
(Jesus Sirach 34,9–11)

Barmherzig sein

Jesus hatte Mitleid mit ihm (einem Mann, der Aussatz hatte); er streckte die Hand aus, berührte ihn und sagte: Ich will – werde rein!
(Markus 1,41)

Zwei Geschwister meines Vaters starben früh an einer Lungenkrankheit – zu ihrer Zeit gab es noch kein Penizillin. Um vorzubeugen, bestand mein Vater darauf, dass meine Schwester und ich jedes Jahr die Zeit der großen Ferien an der Nordsee verbrachten. Aus Freude und wegen der guten Auswirkungen setzte ich später diese Tradition fort. Als Mutter nach Vaters Tod allein war, fuhren wir des Öfteren zusammen an die Nordsee nach Westerland auf Sylt. Mutter bevorzugte ein bestimmtes Hotel, das ihr seit vielen Jahrzehnten vertraut war: das Hotel Miramar. Ich wohnte im Pfarrhaus und unterstützte den Pfarrer bei seiner großen Saisonarbeit. Oft war ich im Hotel bei Mutter zu Gast, und wir aßen mit Blick auf das Meer und die untergehende Sonne gepflegt zu Abend.
Die Besitzerin des Hotels, eine ältere Dame, bat mich an einem Abend um ein Gespräch unter vier Augen. Sie stellte mich vor eine schwer zu entscheidende Frage, die ich damals – vor etwa dreißig Jahren – nicht beantworten konnte. „Mein bester Mitarbeiter, der schon lange bei uns ist – Sie kennen ihn vom Restaurant –, hat sich mit HIV infiziert, hat nun Aids und weder Medikamente noch Therapien können ihm mehr helfen. Er wird nicht mehr lange leben. Da er als Chef unseres Restaurants und als Ober derart an seinem Beruf und den Gästen hängt, habe ich ihm die Möglichkeit gegeben, für zwei Stunden am Tag seinen Beruf bei mir weiter auszuüben." Anfang der 80er Jahre herrschte noch die Meinung,

man würde sich bereits lebensgefährdend anstecken durch einfaches Berühren, Händegeben, Anhauchen ...
So war mir unwohl bei dem Gedanken, dass Mutter und ich gerade noch von ihm bedient wurden. Dann aber fiel mir seine überaus große Freundlichkeit ein, dass wir ihn seit Jahren kannten und Mutter oft ein persönliches Wort mit ihm gewechselt hatte. Ob Mutter von seiner Krankheit wusste, ohne mir davon etwas zu sagen? Später stellte sich heraus, dass es so war.
Die Dame fragte mich – und betonte dabei ausdrücklich – als Priester, ob es richtig sei, Herrn G. trotz seiner Aids-Krankheit weiter im Restaurant zu beschäftigen. Sie war davon überzeugt, das Richtige zu tun, indem sie ihm die Möglichkeit gab, wenigstens noch zwei Stunden in seinem so geliebten Beruf zu arbeiten. Mit dieser Frage war ich damals absolut überfordert und konnte ihr keine klare Antwort geben.
Bis spät in die Nacht hinein setzte ich mich mit dieser Frage auseinander. Ich dachte an das Beispiel vom barmherzigen Samariter, an die Liebe, die Bemitleidenswertes an ihr Herz nimmt, Niedriges auf ihre Stufe hebt und Barmherzigkeit genannt wird. Ich dachte an Franziskus, der den Aussätzigen küsste und damit die natürliche Scheu überwand. Auf der anderen Seite wurde mir aber auch klar, dass Hilfsbedürftigkeit gewissen Gesetzmäßigkeiten unterliegt und es jenseits der Bedingungen sehr problematisch werden kann. Ein Aidskranker serviert in einem Restaurant den Gästen das Essen ... Hätten die Gäste, wenn sie es wüssten, Verständnis dafür?
Die Nächstenliebe hat oft schon in viel problemloseren Bereichen ihre Grenzen. Wird es nicht schon schwierig, wenn ich morgens zwei Stunden zu spät an meiner Arbeitsstätte erscheine und meinem Vorgesetzten erkläre: „Ich habe auf dem Weg jemanden getroffen, dem ich helfen musste!" Das Beispiel vom barmherzigen Samariter gab mir eine eindeutige Antwort.

Als wir im darauffolgenden Jahr wieder in Westerland waren, erzählte Mutter mir, dass der so liebenswerte und von ihr geschätzte Ober verstorben war.

Ein Samariter aber, der auf der Reise war, kam zu ihm; er sah ihn und hatte Mitleid, ging zu ihm hin, goss Öl und Wein auf seine Wunden und verband sie. Dann hob er ihn auf sein eigenes Reittier, brachte ihn zu einer Herberge und sorgte für ihn.
(Lukas 10,33–34)

Verstehen

Der Geduldige hält aus bis zur rechten Zeit,
doch zuletzt wird ihn Freude beschenken.
Bis zur rechten Zeit wird er seine Worte verbergen
und die Lippen vieler werden von seiner Einsicht erzählen.
(Jesus Sirach 1,23–24)

„Lange Zeit habe ich nicht verstanden, warum unser Vater so gehandelt hat. Ich war regelrecht wütend auf ihn und bin ihm aus dem Weg gegangen. Meine Schwester, die es nun wirklich nicht verdient hatte, bevorzugte er – und das in ganz außerordentlicher Weise.

Durch seine Arbeit und eine glückliche Hand gelang es meinem Vater, größere Ersparnisse festzulegen. Er vertrat uns gegenüber den Standpunkt, man könne und dürfe nur das Geld ausgeben, das man selbst verdient habe. Auf Zuwendungen oder Erbschaften zu warten, sagte er, sei nicht gut und bringe nur Unfrieden. Meine Schwester und ich hatten uns darauf eingestellt und versuchten, mit unserem selbstverdienten Geld auszukommen. Im Leben meiner Schwester wie auch in meinem Leben entwickelten sich fast zur selben Zeit Pläne, die eine gravierende Änderung bedeuteten. Meine Schwester, die in unserem Dorf keinen guten Ruf genoss, wollte von zu Hause fortziehen und in einer benachbarten größeren Stadt eine eigene Wohnung nehmen. Erhebliche Kosten kamen auf sie zu. Ich war ebenso in finanzieller Verlegenheit und wünschte mir Unterstützung: Mein Freund und ich wollten uns beruflich selbstständig machen und benötigten dazu Startkapital.

Also fassten meine Schwester und ich uns ein Herz, gingen zu

Vater und baten ihn um Geld. Er zögerte, und während er überlegte, schaute er jeden von uns lange an. Meine Bitte schlug er aus, dem Wunsch meiner Schwester jedoch kam er entgegen.

Die Enttäuschung über diese ungleiche Verhaltensweise meines Vaters habe ich lange nicht überwinden können, und ich war regelrecht krank daran. Heute denke ich völlig anders darüber. Ich gestehe meinem Vater zu, dass er seinerzeit, als meine Schwester mir gegenüber finanziell bevorzugt wurde, gespürt haben muss, dass sie in diesem Augenblick nicht nur äußerlich, sondern auch seelisch einer spontanen Unterstützung bedurfte. Noch vor seinem Tod durfte Vater miterleben, dass meine Schwester mit ihrer Tochter und ihrem Mann ihr Leben endlich in den Griff bekam. An mich dachte er auch, aber nicht, um das Startkapital zu garantieren, sondern erst viel später, als er mir eine gute Lebensversicherung schenkte, in die er bereits viel eingezahlt hatte."

In der Sammlung der Sinnsprüche der frühen Mönchsväter, in der ich immer wieder und gern lese, fand ich eine passende Geschichte, die das Verhalten des Vaters von der Tiefe her noch einmal erklärt.

Drei Mönche kamen einmal zum Altvater Achilas, von denen einer in üblem Ruf stand. Da sagte der erste: „Vater, mache mir ein Netz!" Der aber antwortete: „Ich mach es nicht!" Da bat der andere: „Mache es aus Liebe, damit wir in unserer Wohnung ein Andenken an dich haben!" Auch diesem erwiderte er: „Ich habe keine Zeit!" Da sprach zu ihm der dritte – der mit dem schlechten Ruf: „Mache mir ein Netz, damit ich etwas aus deinen Händen habe!" Auf der Stelle sagte er zu und sprach: „Ich mache es für dich!'"

Da fragten ihn die zwei ersten Mönche insgeheim: „Wir haben dich so inständig gebeten, und du wolltest es uns nicht machen. Zu dem da aber hast du gesagt: ‚Für dich mache ich es!'" Der

Alte erklärte es ihnen: „Ich mache es euch nicht, und ihr ward darüber nicht traurig, weil ihr saht, dass ich keine Zeit habe. Wenn ich es aber für diesen auch nicht gemacht hätte, dann hätte er gesagt: ‚Wegen meiner Sünde, von der der Alte gehört hat, will er es mir nicht machen.' Damit hauen wir auf der Stelle das Seil ab. Ich weckte also seine Seele auf, damit er nicht von Traurigkeit ertränkt würde." (Apophthegmata Patrum, Weisung der Väter, Nr. 124, übersetzt von Bonifaz Miller)

Darf ich mit dem, was mir gehört, nicht tun, was ich will?
Oder ist dein Auge böse, weil ich gut bin?
(Matthäus 20,15)

Dann wirst du Recht und Gerechtigkeit begreifen,
Redlichkeit und jede gute Bahn;
denn Weisheit zieht ein in dein Herz,
Erkenntnis beglückt deine Seele.
(Sprichwörter 2,9–10)

An erster Stelle

Mit ganzem Herzen ehre deinen Vater
und vergiss nicht der Mutter Wehen!
Erinnere dich, dass du durch sie geworden bist!
Wie wirst du ihnen zurückgeben, was sie dir gegeben haben?
(Jesus Sirach 7,27–28)

„Seit ich hier im Seniorenheim bin, vergeht für mich die Zeit entschieden langsamer als früher. Ich konnte mein Haus nicht mehr allein führen; es wurde mir einfach zu viel – besonders das Einkaufen, das Kochen und die Wäsche. Nun muss ich mich zwar auf einen Raum beschränken, doch alles in allem habe ich es hier sehr gut. Es gibt hier im Seniorenheim viele Annehmlichkeiten, die ich zu Hause nicht hatte: Eine Bibliothek mit vielen Neuerscheinungen steht allen zur Verfügung; wir haben sogar ein Schwimmbad im Haus und ein kleines Café, in das ich gern gehe, wenn ich Besuch habe. Einmal in der Woche kommt ein Arzt zur Visite. Der Doktor nimmt sich Zeit und hört mich in Ruhe an. Das tut außerordentlich gut. Die religiöse Betreuung lässt dagegen zu wünschen übrig. Wir haben zwar an jedem Sonntag hier im Haus einen Gottesdienst, der Geistliche jedoch besucht mich höchstens einmal im Monat. Dann hat er es immer noch sehr eilig. Doch mein Problem ist ein anderes.
Ich habe eine Tochter, die in einer etwa 80 Kilometer entfernt liegenden Großstadt verheiratet ist. Neben ihren familiären Aufgaben hat sie noch einige ehrenamtliche Aufgaben übernommen: Sie ist als Lektorin tätig, besorgt den Blumenschmuck in der Kirche, macht Stadt- und Museumsführungen und gestaltet Tischdekorationen bei festlichen Anlässen für ihre Freunde. Mei-

ne Tochter ist meine alleinige Erbin und hat auch schon ein Vorab-Erbe erhalten. Sie besucht mich selten, da – wie sie sagt – die Autofahrt sehr anstrengend sei.
Und wenn sie ihren Besuch, auf den ich mich immer riesig freue, angekündigt hat, kommt sie meist ein bis zwei Stunden später. Müsste sie nicht wissen, wie sehr mir an ihrer Gegenwart gelegen ist, dass ich Vorbereitungen treffe und mich bereits den ganzen Tag auf sie einstelle? Sie ist doch mein einziges Kind, und ich liebe sie. Und wenn sie dann kommt, hat sie vorher hier im Ort für sich eingekauft und meist noch ihre Freundin Susanne besucht, die hier wohnt. Oder sie besucht mich nur kurz, um anschließend Susanne wiederzusehen. Sie spricht zu mir ganz offen darüber und merkt vielleicht gar nicht, wie weh sie mir damit tut."
Ich hörte der alten Dame zu und konnte ihren Schmerz gut verstehen. Obwohl sie es aus Liebe zu ihrer Tochter wohl kaum umsetzen konnte, gab ich ihr den Rat, es ihrer Tochter etwas schwerer zu machen und zu fragen, was bei ihr an erster Stelle steht. Im Wissen, dass die Mutter es wohl niemals durchsetzen kann, erzählte ich ihr trotzdem eine kleine Geschichte:
Einige Mönche wollten in eine weit entfernte Siedlung gehen, die am Fluss lag, um Netze zu kaufen. Bei der Gelegenheit wollten sie auch den weisen Mönch Daniel sehen. Als sie ankamen, meldete ein Bruder dem Alten: „Von weither sind Brüder gekommen, die dich sehen wollen." Der Greis entgegnete: „Frage, warum sie da sind." Als er erfuhr, dass sie der Netze wegen gekommen waren, meldete er es dem Alten. Dieser sagte: „Wirklich, sie bekommen das Antlitz des Daniel nicht zu sehen, weil sie nicht meinetwegen gekommen sind, sondern ihres Geschäftes wegen. Gib ihnen eine Erquickung und entlasse sie in Frieden. Sag ihnen: Der Alte kann euch nicht entgegenkommen." (vgl. Apophthegmata Patrum, Weisung der Väter, Nr. 64)

Hat eine Witwe aber Kinder oder Enkel, dann sollen diese lernen, zuerst denen im eigenen Haus Ehrfurcht zu erweisen und dankbar für die älteren Generationen zu sorgen; denn das ist wohlgefällig vor Gott. Wenn aber jemand für seine Angehörigen, besonders für die eigenen Hausgenossen, nicht sorgt, der verleugnet damit den Glauben und ist schlimmer als ein Ungläubiger.
(1. Timotheusbrief 5,4.8)

Bei all deinen Worten bedenke dein Ende
und du wirst in Ewigkeit nicht sündigen!
(Jesus Sirach 7,36)

Ich war krank und ihr habt mich besucht; ich war im Gefängnis und ihr seid zu mir gekommen. Was ihr für einen meiner geringsten Brüder getan habt, das habt ihr mir getan.
(Matthäus 25,36b.40)

Kostbarkeiten

Nehmt lieber meine Unterweisung an als Silber,
lieber Verständnis als erlesenes Gold!
Ja, Weisheit übertrifft die Perlen an Wert,
keine kostbaren Steine kommen ihr gleich.
(Sprichwörter 8,10–11)

„Ich glaube, meine Frau hat zu ihrer Mutter eine gefährliche Hass-Liebe entwickelt. Besonders in der letzten Zeit fällt mir auf, wie gespalten sie in der Beziehung zu ihrer Mutter ist. Eine Begegnung von uns Dreien empfinde ich immer als sehr unangenehm, und ich meide sie, wo ich nur kann. Bin ich allein mit meiner Frau oder mit meiner Schwiegermutter, gibt es niemals Schwierigkeiten. Wenn meine Frau mir von einem Besuch bei ihrer Mutter erzählt, frage ich mich, was zwischen den beiden Frauen abläuft und wie ich ausgleichend helfen könnte.
Ich habe das Gefühl, meine Frau fühlt sich ihrem Bruder gegenüber stark benachteiligt. Sie sagt, er würde von ihrer Mutter immer bevorzugt, und sie habe das Nachsehen. Erschüttert und sprachlos gemacht hat mich eine Begebenheit, die ich soeben von meiner Frau erfuhr: Bei ihrem letzten Besuch warf sie ihrer Mutter unberechtigterweise vor, keine richtige Aussteuer erhalten zu haben. Daher stehe ihr doch wohl noch ein Teil des Schmucks und des Silbers zu. Meine Schwiegermutter muss über diese Anmaßung derart entsetzt und betroffen gewesen sein, dass sie auf der Stelle ihren Schmuck holte und ihn zusammen mit dem Silber (Kerzenleuchter, Schalen und Besteck) schweigend auf dem Esszimmer-Tisch ausbreitete. Sie habe dann gesagt: ‚Nimm dir, was du davon haben möchtest.‘

Mir ist unverständlich – und ich kann mit meiner Frau nicht darüber sprechen –, dass sie sich nicht geschämt und zurückgehalten hat. Ganz im Gegenteil! Meine Frau nahm tatsächlich im Abwägen der Werte einige kostbare Schmuckstücke aus der Schatulle an sich. Die Ringe probierte sie an ihrem Finger und entschied sich auch bei den Silberteilen für die Dinge, die ihr am besten gefielen. Was muss in meiner Frau vorgegangen oder wie muss sie früher verletzt worden sein, dass sie zu solch einem Schritt fähig war? Und wie innerlich bedrängt muss sich meine Schwiegermutter gefühlt haben? Sie sprach mit mir allein niemals darüber und würde es auch ohne Beisein ihrer Tochter nicht tun. Ich möchte beiden so gern helfen, weiß aber nicht, wo und wie ich ansetzen soll."

Wichtig erscheint mir, dass die Schwiegermutter offen und ehrlich mit ihren beiden Kindern über das Erbe spricht und ihnen ihr Testament zeigt. Vor allem muss die Tochter sehen, dass ihr Gleiches zufällt wie ihrem Bruder. Mütter stehen oft zu ihrem Sohn, besonders, wenn es das erstgeborene Kind ist, in einer besonderen Symbiose, die sie nur schwer abbauen oder umwandeln können. Es ist zunächst normal, dass innerhalb der oralen Phase das Kind die Mutter noch als Teil seiner Person erlebt, als symbiotische Einheit mit ihr. Wenn das Kind aber ein halbes Jahr alt ist, muss die Loslösung und damit die Individuation erfolgen.

Hier wird zwischen Mutter und Sohn dieser Prozess nicht stattgefunden haben, sodass eine krankhafte Abhängigkeit entstand.

„Ihre Frau sollte darum wissen", riet ich. „Vielleicht sieht sie ihren Bruder dann in einem ganz anderen Licht und ist in der Lage, sich über ihre Freiheit und über ihre eigene Familie zu freuen. Sie wird dann ihre Mutter nicht mehr für ein vermeintliches Defizit in ihrem Leben verantwortlich machen, sodass die äußerst peinlichen Ausgleichsforderungen ein Ende nehmen und Ihre Frau in größerer innerer Freiheit leben kann."

Gold gibt es und viele Perlen,
ein kostbarer Schmuck aber sind verständige Lippen.
(Sprichwörter 20,15)

Wer seinem Vater flucht und seiner Mutter,
dessen Lampe erlischt zur Zeit der Finsternis.
Ein Besitz, schnell errafft am Anfang,
ist nicht gesegnet an seinem Ende.
(Sprichwörter 20,20–21)

Leg dir einen Schatz an nach den Geboten des Höchsten;
der wird dir mehr nützen als Gold!
(Jesus Sirach 29,11)

Die MITTE finden

Freiheit und Toleranz

Die Himmel und
deine ganze Schöpfung
sollen dich preisen
in alle Ewigkeiten!

(Tobit 8,5)

Sich abgeben

Dann holte der Knecht (Abrahams) Sachen aus Silber und Gold und Kleider hervor und schenkte sie Rebekka.
(Genesis 24,53)

„Ich bin Ihnen sehr dankbar, dass Sie zu mir zum Gespräch ins Seniorenheim gekommen sind. Mich quält schon seit Langem ein Thema, das ich nur bei Ihnen ansprechen kann. Meine Angehörigen wissen, dass der kostbare Schmuck, den mir in den Jahren unserer Ehe mein verstorbener Mann geschenkt hat, und der Schmuck, den ich aus meiner eigenen Familie geerbt habe, sich hier im Haus im Safe befindet. Eigentlich müsste ich mich schämen, denn ich habe weder eine Verteilung im Testament vorgenommen noch je ein Stück bisher verschenkt. Und wenn Sie wissen, wie hoch die Versicherungsprämie für den Schmuck ist, können Sie sich vorstellen, was ich jährlich für die Versicherung zahlen muss.
Seit ich hier im Heim lebe – und das sind schon einige Jahre –, habe ich noch niemals ein Schmuckstück angelegt. Sie dienen einzig und allein der Erinnerung. Und da frage ich mich, ob ich nicht doch diese Werte bereits zu meinen Lebzeiten verteilen soll. Auf der anderen Seite bedeutet der Schmuck für mich erhöhte Sicherheit, denn man kann ja nie wissen ... In besonderer Weise verbindet er mich auch mit meinem Mann, der mir zu bestimmten Anlässen ein wertvolles Schmuckgeschenk machte. Und der alte Schmuck aus meiner eigenen Familie erweckt in mir ein Gefühl der Zugehörigkeit und Familienidentität.
Ich glaube, eine Antwort von Ihnen wird sich erübrigen, denn ich spüre nach diesen meinen Worten selbst, dass ich mich nicht

trennen kann. Wie sehr würden sich jedoch meine Schwiegertöchter und Enkelinnen über manches kostbare Schmuckstück aus der eigenen Familie freuen ..."

Ich hörte der alten Dame aufmerksam zu und stellte fest, dass sie sich trotz ihrer eigenen voreiligen Antwort in einem Zwiespalt befand. So konnte ich ihr – und sie hörte mir wiederum zu – die Sache von meinem Standpunkt aus erklären. Mir ging es nicht in erster Linie um den Schmuck, sondern um das Abgeben und Loslassen als eine Vorbereitung für das Sterben. Jetzt konnte ich auch über die Trennung von dem Schmuck sprechen, der zunächst auf äußere Weise geschieht und dann bestimmt auch tiefere verschlossene Bereiche des Seelischen öffnet. Wir kamen darüber in ein sehr langes Gespräch, und ich hatte das Gefühl, dass es der alten Dame gut tat.

Bevor meine Versetzung anstand, besuchte ich sie noch einige Male. Da sie nicht mehr von dem Schmuck sprach, vermied ich es, sie darauf anzusprechen, um nicht den Eindruck von Erwartung oder gar Zwang zu erwecken.

Nicht auf äußeren Schmuck sollt ihr Wert legen, auf Haartracht, Goldschmuck und prächtige Kleider, sondern was im Herzen verborgen ist, das sei euer unvergänglicher Schmuck: ein sanftes und ruhiges Wesen. Das ist wertvoll in Gottes Augen.
(1. Petrusbrief 3,3–4)

Die Schönheit des Himmels ist der Glanz der Sterne,
ein strahlender Schmuck in den Höhen des Herrn.
(Jesus Sirach 43,9)

Erwartungen

Ehre deinen Vater und deine Mutter, wie es dir der Herr, dein Gott, geboten hat, damit du lange lebst und es dir gut geht in dem Land, das der Herr, dein Gott, dir gibt!
(Deuteronomium 5,16)

„Es geht mir letztlich nicht um materielle Besitztümer – das ist mir vollkommen klar", sagte ein Vater, der mit seinem Sohn nicht zurechtkam. „Besteht jedoch ein Familienunternehmen schon zweihundert Jahre, so darf ich doch von meinem Sohn annehmen, dass er es eines Tages, wenn ich mich zurückziehe, übernehmen und allein weiterführen wird. Solange ich denken kann, gab es in meinem Leben keine andere Wahl, als in die Fußstapfen meines Vaters zu treten. In diese Vorausbestimmung bin ich bereits hineingeboren. Niemals gab es mit meinen Eltern Diskussionen über meine Berufswahl.
Und wenn ich an die Gebote denke, so hat doch das vierte Gebot eine Aussage, die verpflichtet. Meine Frau und ich führten mit Andreas viele Gespräche, in denen wir versuchten, ihm die Vorteile meiner Aufgaben als selbstständiger Unternehmer vor Augen zu führen und schmackhaft zu machen. Er versteht, was wir sagen und bejaht es auch, doch habe ich immer den Eindruck, er ist mit seinem Herzen und mit seinen Gedanken ganz woanders. Was mag nur in dem Jungen vorgehen? Ich spüre förmlich, dass er uns nicht wehtun möchte, auf der anderen Seite jedoch muss sich bei ihm etwas entwickeln, das wohl ganz und gar nicht unseren Vorstellungen entspricht. Es muss doch einen Weg geben, dem zuvorzukommen und einen jungen Menschen in die ‚richtige' Richtung zu führen und anzuleiten.

Nach seinem Abitur begann Andreas – auf meinen eindringlichen Wunsch – mit dem Studium der Betriebswirtschaft. So wie ich hörte, wurde er aber auch ständig in theologischen Vorlesungen und Seminaren gesehen. Als ich ihn darauf ansprach, sagte er, ein geistlicher Beruf entspreche ihm doch wohl mehr als der eines Unternehmers. Geahnt haben wir es seit Langem, doch Andreas hat es nie so deutlich ausgesprochen wie jetzt. Und dann ging er in unserem Gespräch, das ruhig, sachlich und doch liebevoll verlief, noch einen Schritt weiter. Er schien zu spüren, dass jetzt der rechte Augenblick für ihn gekommen war. Ich hörte nicht seinen Verstand, sondern seine Seele sprechen, als er sagte: ‚Ich möchte – erst einmal für zwei Jahre – in ein Trappistenkloster nach Frankreich gehen.'"
Andreas ging seinen Weg, doch hielt er die Einsamkeit in diesem Kloster nicht aus, und er wurde krank. Es kam noch erschwerend hinzu, dass er nicht fließend Französisch sprach und somit niemanden hatte, dem er sein Herz ausschütten konnte. Sein innerer Ruf, Priester zu werden, setzte sich später wieder durch. Mit seelischer Unterstützung seiner Mutter – sein Vater war inzwischen gestorben – konnte Andreas das Theologiestudium abschließen und wurde zum Priester geweiht.

Zur Freiheit hat uns Christus befreit.
(Galaterbrief 5,1a)

Aus der Bedrängnis rief ich zum Herrn,
der Herr antwortete und schuf mir Weite.
(Psalm 118,5)

Beten *und* Arbeiten

Hütet euch vor den falschen Propheten; sie kommen zu euch in Schafskleidern, im Inneren aber sind sie reißende Wölfe.
(Matthäus 7,15)

„Unser Sohn Sven ist nicht wiederzuerkennen. Und früher war er derjenige in unserer Familie, den wir alle am meisten schätzten. Heute ist er nicht mehr zugänglich für das, was wir sagen; und dabei meinen wir es nach wie vor gut mit ihm. Sein sonderbares Verhalten und seine abgehobene Einstellung dem Leben und der Realität gegenüber begannen nach dem Abitur, als Sven nicht wusste, ob und was er studieren sollte.
Er muss damals bestimmten Leuten aufgefallen sein, die ihn dann in ihren Bannkreis zogen. Von da an ließ er sich von uns überhaupt nichts mehr sagen und stellte sich gegen alles, was uns und unserer Familie wichtig war und ist. Manche Werte tritt er sogar mit Füßen, denn er fühlt sich zu Höherem berufen. Sein Zimmer, die saubere Wäsche und viele Mahlzeiten nimmt er jedoch wie selbstverständlich in Anspruch – tut allerdings nichts dafür. Wenn wir ihn darauf ansprechen, antwortet er, durch seine stundenlangen Meditationen genug für unser Seelenheil zu tun. Es ist unmöglich, mit ihm vernünftig zu reden. Svens Verhalten und seine Äußerungen machen uns große Angst. In seinem Denken und Sprechen benutzt er vorgefertigte Schemata und Ausdrücke, die nicht die seinen sind. Er ist ganz im Bannkreis dieser fanatisch-sektiererischen Gruppe gefangen."
Man erzählte vom Altvater Johannes Kolobos, dass er einmal zu einem älteren Bruder sagte: „Ich will ohne Sorgen sein, so wie die Engel sorglos sind, und nicht arbeiten, sondern unaufhörlich Gott

dienen." Er legte sein Kleid ab und ging in die Wüste. Nachdem er eine Woche dort verbracht hatte, kehrte er zu seinem Bruder zurück. Als er an die Tür klopfte, erkannte ihn sein Bruder, bevor er öffnete, und sprach: „Wer bist du?" Er antwortete: „Ich bin Johannes, dein Bruder!" Der Bruder antwortete: „Johannes ist ein Engel geworden und gehört nicht mehr zu den Menschen." Da flehte er ihn an und sagte: „Ich bin es doch!" Der andere aber öffnete ihm nicht, sondern ließ ihn bis zum Morgen in dieser unbequemen Lage. Erst später öffnete er und sagte: „Wenn du ein Mensch bist, dann musst du arbeiten, damit du deine Nahrung findest." Da bereute Johannes und sagte: „Verzeih mir!" (Apophthegmata Patrum, Weisung der Väter, Nr. 317, übersetzt von Bonifaz Miller)

Setzt eure Ehre darein, ruhig zu leben, euch um die eigenen Aufgaben zu kümmern und mit euren Händen zu arbeiten, wie wir euch aufgetragen haben.
(1. Thessalonicherbrief 4,11)

Wir haben bei euch kein unordentliches Leben geführt und bei niemandem unser Brot umsonst gegessen; wir haben uns gemüht und geplagt, Tag und Nacht haben wir gearbeitet, um keinem von euch zur Last zu fallen.
Denn als wir bei euch waren, haben wir euch geboten: Wer nicht arbeiten will, soll auch nicht essen. Wir hören aber, dass einige von euch ein unordentliches Leben führen und alles Mögliche treiben, nur nicht arbeiten. Diesen gebieten wir und wir ermahnen sie in Jesus Christus, dem Herrn, in Ruhe ihrer Arbeit nachzugehen und ihr eigenes Brot zu essen.
(2. Thessalonicherbrief 3,7b–8.10–12)

Entscheide dich

Wenn ich in Falschheit einherging, wenn zum Betrug mein Fuß eilte, dann wäge Gott mich auf gerechter Waage, so wird er meine Unschuld anerkennen.
(Ijob 31,5–6)

„Ich habe tief erfüllte Jahre in unserer Schwesterngemeinschaft erleben dürfen. Wenn ich von meiner oft sehr anstrengenden Arbeit als Lehrerin an einem Gymnasium ins Kloster zurückkam, erfuhr ich von meinen Mitschwestern sehr viel Verständnis und Zuneigung. So konnte ich mich durch unsere Ordensgemeinschaft schnell wieder von dem Schulstress erholen und fand in gemeinsamen Stunden der Anbetung neue Kraft, sodass ich am nächsten Tag gern wieder in die Schule ging.
Seit einiger Zeit fühle ich mich jedoch wie eine Ausgestoßene und meine Seele leidet und beginnt, Schaden zu nehmen. Die Oberen und mit ihnen viele Schwestern haben sich einer geistlichen Bewegung angeschlossen, die sich ‚Engelwerk' nennt. Da alle wissen, dass ich mich dieser Art von Spiritualität nicht anschließen kann und will, werde ich langsam aus unserer Gemeinschaft ausgeschlossen und an den Rand gedrängt. Niemand spricht mehr mit mir über diese geistliche Bewegung, nachdem ich anfänglich Bedenken geäußert hatte. Und das ist nach den guten Erfahrungen in meinem Orden besonders schmerzlich. Bestimmt würde ich diesen Einbruch in unser und mein Ordensleben leichter bewältigen, wenn ich die Gelegenheit bekäme, mich menschlich und theologisch mit den betreffenden Schwestern auseinanderzusetzen. Doch nichts dergleichen geschieht, und ich leide."
Die Schwester kam häufig zu mir zum Gespräch und hatte, weil

ihre Seele Schaden nahm, viele berechtigte Fragen. In kleinen Schritten konnten wir gemeinsam herausfinden, worum es sich bei dem „Engelwerk“ (Opus Angelorum) handelt. In der damaligen Zeit, als es noch kein Internet gab, war es schwierig, konkrete Informationen zu beschaffen, weil bei allen Mitgliedern das Schweigegebot herrschte. 1949 gründete die Österreicherin Gabriele Bitterlich (1896–1978) das Opus Angelorum, das sich zur Aufgabe macht, die „Verehrung der heiligen Engel in der Kirche“ zu fördern. Die Mitglieder unterziehen sich einem strikten Gehorsam, leisten Sühneopfer und erfüllen übersteigerte Gebetspflichten. Geheime Riten und Exorzismen sind an der Tagesordnung. Zentral ist die Vorstellung eines Kampfes zwischen Engeln und Dämonen.

Mit großem Bedauern, aber relativ still, verließ die Schwester ihren Orden, der völlig vom Opus Angelorum unterwandert war, und wechselte zu den Ursulinen.

Trotz offiziellen Verbotes von der Katholischen Kirche und vorhandenen Beweisen, dass es zu psychischen Deformationen führt, lebt das Engelwerk auch heute versteckt und im Untergrund in Deutschland, Österreich und in vielen anderen Ländern weiter. Der Regensburger Theologe Johann Auer sagt nach zwei ausführlichen Gutachten: „Ich muss gestehen, dass ich dazu neige, dieses ganze Denken auf eine paranoide Schizophrenie zurückzuführen.“

Wenn man euch nicht aufnimmt und eure Worte nicht hören will, geht weg aus jenem Haus oder aus jener Stadt und schüttelt den Staub von euren Füßen!

(Matthäus 10,14)

Wenn ihr in meinem (Jesu) Wort bleibt, seid ihr wahrhaftig meine Jünger. Dann werdet ihr die Wahrheit erkennen und die Wahrheit wird euch befreien.

(Johannes 8,31–32)

Dazu gehörig

Gepriesen bist du, Gott unserer Väter, und gepriesen ist dein Name durch alle Zeiten des Menschengeschlechts. Der Himmel und deine ganze Schöpfung sollen dich preisen in alle Ewigkeiten!
(Tobit 8,5)

Als ich das „Haus Cassian“, eine diözesane Bildungsstätte im Weserbergland, leitete, kam es oft vor, dass ich eine Referentin oder einen Referenten in Hannover vom Bahnhof abholte und nach dem Kursus zurückbrachte. Gerade in einer Zeit, in der ich vom Generalvikariat die Nachricht bekam, dass alle Zuschüsse für das Bildungshaus gestrichen werden sollten, brachte ich die russische Philosophin Tatjana Goritschewa zur Bahn. Ich hatte sie eingeladen, im Stift Fischbeck und in Hameln einen Vortrag zu halten. Als wir uns verabschiedet hatten und der Zug abgefahren war, ging ich, belastet durch die Sorge um Haus Cassian, langsam vom Bahnsteig hinunter in die Bahnhofshalle.
Und hier, unter Hunderten von Menschen, kam mir ein mittelgroßer weißer Hund entgegen, der nicht mehr von meiner Seite wich. Ehe ich mich versah, saß er bereits in meinem Auto. Alle Nachfragen ergaben, dass er niemandem entlaufen und wohl ausgesetzt worden ist. Der freundliche Bahn-Polizeibeamte riet mir, den Hund mitzunehmen, da er sonst ins Tierheim gebracht oder gar getötet werden müsse. Und seit dieser Zeit ist „Kino“ bei mir. Warum er diesen seltsamen Namen trägt, ist eine andere Geschichte, die ich mit ihm erlebte. Ich musste mein Leben zwar sehr umstellen, erfuhr aber sein Dasein als Fingerzeig und Geschenk Gottes. Ohne ihn hätte ich die notwendige Auflösung von Haus Cassian psychisch nicht so glimpflich und einigerma-

ßen stabil überstanden. Kino zwang mich förmlich – und das bei jedem Wetter –, täglich zwei Stunden mit ihm spazieren zu gehen. So verließ ich wenigstens das Haus und konnte trotz aller Probleme aus mir herausgehen. Ohne ihn hätte ich keine so gute Abhärtung erfahren und die Auflösung des Hauses wäre mir über den Kopf gewachsen.

Doch was mir täglich zu einer neuen Freude wird, erregt bei vielen anderen Menschen einen nicht geringen Anstoß. Meine Arbeit geht weiter, und es kommen die unterschiedlichsten Menschen zu mir zum Gespräch, zur Beichte und um sich Rat zu holen. In dieser Zeit kann ich Kino nicht alleinlassen, da ihn sonst panische Angst überfällt, wieder allein gelassen zu werden. Er ist also immer dabei – was einigen Menschen absolut nicht gefällt. Sie sind mit bestimmten Vorstellungen und Wünschen gekommen und nun enttäuscht, dass da ein Hund, ein „niederes" Wesen, zugegen ist. Einigen gelingt es nicht, diese Situation zu akzeptieren. Und dabei liegt Kino, wenn wir uns einmal gesetzt haben, ruhig an meinen Füßen, um Kontakt mit mir zu haben. Was soll ich anderes tun? Ich bedauere es sehr, dass einige „treue" Menschen, die früher regelmäßig zum Gespräch kamen, nun ausbleiben. Und dann erreicht mich ein Brief, in dem mir vorgeworfen wird, dass ich vornehmlich für einen Hund da sei, meine Aufmerksamkeit ihm gelte und ich ihn mehr liebe als die Menschen.

Darum nehmt einander an, wie auch Christus uns angenommen hat, zur Ehre Gottes!

(Römerbrief 15,7)

Da brachen die beiden auf (Rafael und Tobias), und der Hund des jungen Tobias lief mit.

(Tobit 5,17b)

Vegetarisch leben

Nicht das, was durch den Mund in den Menschen hineinkommt, macht ihn unrein, sondern was aus dem Mund des Menschen herauskommt, das macht ihn unrein.
(Matthäus 15,11)

„Seit mehr als dreihundert Jahren gehört der Hof unserer Familie. Ich erinnere mich noch gut daran, wie glücklich mein Vater war, als ich zustimmte, den Hof von ihm mit allen Pflichten und Rechten zu übernehmen. Heute leben meine Eltern nicht mehr. Milchkühe, Schweine, Schafe, Hühner, Kaninchen und Tauben brachten zufriedenstellende Erträge, von denen wir gut leben konnten. Als unsere drei Mädchen kleiner waren, hatten wir uns noch nicht spezialisiert. Nicht selten sahen die Kinder den notwendigen Schlachtungen zu. Was sich allerdings dabei in ihrem Inneren ereignete, blieb mir als Vater lange verborgen. Erst heute sehe ich Zusammenhänge. Im harten Existenzkampf mit ausländischen Produzenten mussten wir uns spezialisieren und entschlossen uns zunächst für die Schweinezucht. Nach der Schweinepest wechselten wir zur Kälberaufzucht und Rinderhaltung. Nach dem Auftreten der Rinder-Krankheiten mussten wir unseren Betrieb wieder auf die Schweinehaltung umstellen.
In einem ernsten Gespräch mit meinen drei nun schon erwachsenen Töchtern erklärten sie mir, niemand wolle den Hof übernehmen. Von unserer Jüngsten und Mittleren hatte ich es nicht anders erwartet, denn beide essen seit Jahren weder Fleisch noch Fisch noch Eier. Sie haben ihre vegetarische Ernährung zu einem Kult gemacht, der unangenehm und lästig auf mich wirkt. Wenn sie zu Hause sind, muss meine Frau gesondert für die beiden

kochen. Und dann noch ihre Gesichter mit ‚langen Zähnen' bei Tisch zu sehen, wenn wir Fleisch essen, ist gerade nicht sehr appetitanregend. Alles dreht sich bei ihnen nur darum, was sie zu sich nehmen dürfen und was nicht. Meine Frau hält sich da geschickt zurück, denn sie möchte es mit niemandem verderben.
Ich frage mich aber allen Ernstes: Ist denn die Ernährung so wichtig, dass sie Priorität vor allem anderen hat? Gibt es nicht bedeutsamere Werte, die es verdient haben, dass wir uns engagiert für sie einsetzen?"
Als ich später über dieses Gespräch nachdachte, fiel mir ein, im Buch „Weisung der Väter" unter dem Stichwort „Speisen" nachzuschlagen. Ich war erstaunt, folgenden Beitrag zu finden:
Einst schickte der heilige Epiphanios dem Altvater Hilarion die Aufforderung: „Komm, wir wollen einander noch mal sehen, bevor wir aus diesem Leibe scheiden." Als sie beisammen waren, freuten sie sich sehr. Beim Essen wurde Geflügel vorgesetzt, und der Bischof bot dem Abbas welches an. Da sprach der Greis: „Verzeihe mir, seit ich das Mönchsgewand trage, habe ich nichts Geschlachtetes mehr gegessen." Darauf entgegnete der Bischof: „Und ich, seitdem ich das Mönchsgewand genommen habe, ließ keinen einschlafen, der etwas gegen mich hatte, und auch ich selber legte mich nicht zur Ruhe, wenn ich gegen jemand etwas hatte." Da sprach zu ihm der Altvater Hilarion: „Verzeihe mir, deine Lebensweise ist besser als die meine". (Apophthegmata Patrum, Weisung der Väter, Nr. 199, übersetzt von Bonifaz Miller)

Wenn du deine Opfergabe zum Altar bringst und dir dabei einfällt, dass dein Bruder etwas gegen dich hat, so lass deine Gabe dort vor dem Altar liegen; geh und versöhne dich zuerst mit deinem Bruder, dann komm und opfere deine Gabe.
(Matthäus 5,23–24)

Berühre das nicht, iss das nicht, fass das nicht an! Das alles wird verbraucht und dadurch vernichtet. Menschliche Satzungen und Lehren sind es.
Man sagt zwar, in ihnen liege Weisheit, es sei freiwillige Frömmigkeit und Unterwürfigkeit, den Leib nicht zu schonen. Doch das bringt keine Ehre ein, sondern dient nur zur Befriedigung irdischer Eitelkeit.
(Kolosserbrief 2,21–23)

Was WIRKLICH wichtig ist

Wahre Werte

Bleibt in mir
und ich bleibe in euch ...
Bleibt in meiner Liebe!

(Johannes 15,4a.9b)

Beziehungen nutzen

Erwirb dir das Vertrauen deines Nächsten in der Armut, damit du dich mit ihm an seinen Gütern freust.
(Jesus Sirach 22,23)

Die Kongregation der Kleinen Brüder Jesu erhielt 1957 ihre endgültige Bestätigung. Das Leben der Brüder richtet sich nach Charles des Foucauld. Sie leben in Milieus, die den Kirchen kaum zugänglich sind, und unter verachteten Minderheiten. Sie fühlen sich den Armen durch gleiche Arbeit und Lebenshaltung zugehörig und beten und leben dafür, dass den Ärmsten der Armen Gottes Liebe sichtbar wird.
„Ich besuchte eine kleine Brudergemeinschaft in Sao Paulo in Brasilien. Unter Hunderten von Hütten – die ‚Straßen' innerhalb der Favelas hatten keine Namen – fand ich sie schließlich. Von den drei Brüdern war einer zu Hause. Er bewirtete mich mit einer Tasse Wasser und einem Stück trockenen Brot, das in einem kleinen steinernen Gemeinschaftsofen gebacken war. Seine beiden Mitbrüder – sagte er – seien auf Arbeitssuche. Sie alle wären schon in der vierten Woche arbeitslos und Arbeitslosenunterstützung gäbe es nicht. So lebten sie an der Grenze äußersten Hungers. Nach einem langen Schweigen fragte ich, ob sie sich nicht von einer anderen Bruderschaft – vielleicht in Frankreich – helfen lassen würden. Ich fügte hinzu, sie hätten doch sicherlich gute Beziehungen, und stellte die Frage, warum sie jetzt keinen Gebrauch davon machten.
Und da erwiderte der Kleine Bruder ein wenig unmutig und leise – und es wurde deutlich, dass er das nicht gern sagte, weil man sein Geheimnis nicht ohne Not preisgibt: ‚Das wäre Verrat.

Wenn wir uns helfen lassen würden, ließen wir die anderen Menschen, um deretwillen wir hier sind, allein, denn sie haben keine Beziehungen. Deshalb verzichten auch wir auf dieses sogenannte Vitamin B. Dieser Verzicht gehört zur Existenz des Kleinen Bruders.' Während wir noch sprachen, kam ein Mitbruder mit freudigem Rufen zurück. Sie umarmten sich und lachten, denn er hatte Arbeit gefunden. Dies bedeutete eine Veränderung der Situation, denn sie hatten in der nächsten Zeit wieder zu essen.
‚Das wäre Verrat' – hätte nicht auch Jesus seine Sendung verraten, wenn er der Versuchung des Widersachers nachgegeben hätte? Er wäre auf Distanz gegangen und Wohltäter geworden. Doch er ist der Liebende geblieben, der mit uns ist und sogar mit in unsere seelische und materielle Armut hineingeht."
Das erzählte und erlebte mein verehrter Lehrer Heinrich Spaemann, den ich oftmals am Bodensee besuchte, um ihn als Priester dort im Vianney-Hospital zu vertreten. Ich glaube, von mir sagen zu können, dass auch ich keine berufliche Chance ergreifen würde, die durch eine „Beziehung" auf mich zukäme. Allerdings – so großartig ich das Beispiel der Kleinen Brüder Jesu auch finde – wäre ich für mich selbst nicht in der Lage, es nachzuahmen.

Als er (Jesus) vierzig Tage und vierzig Nächte gefastet hatte, hungerte ihn. Da trat der Versucher an ihn heran und sagte: Wenn du Gottes Sohn bist, so befiehl, dass aus diesen Steinen Brot wird. Er aber antwortete: In der Schrift heißt es: Der Mensch lebt nicht vom Brot allein, sondern von jedem Wort, das aus Gottes Mund kommt.
(Matthäus 4,2–4)

Wer sein Ohr verschließt vor dem Schreien des Armen, wird selbst nicht erhört, wenn er um Hilfe ruft.
(Sprichwörter 21,13)

Gib mir weder Armut noch Reichtum, nähr mich mit dem Brot, das mir nötig ist, damit ich nicht, satt geworden, dich verleugne und sage: Wer ist denn der Herr?, damit ich nicht als Armer zum Dieb werde und mich am Namen meines Gottes vergreife.
(Sprichwörter 30,8–9)

Vom Wahren nehmen

Und Petrus antwortete und sagte zu Jesus: Herr, es ist gut, dass wir hier sind. Wenn du willst, werde ich hier drei Hütten bauen.
(Matthäus 17,4)

Ich war Kooperator (Kaplan) in St. Georgen bei Bruneck in Südtirol. An einem Frühlingstag, es war noch neblig in den Tälern, wanderten wir durch das Villnößtal hoch zu den Dolomiten. In St. Peter sollte meine neue Stelle sein, und auf dem Weg wollte ich die den Aposteln Peter und Paul geweihte Pfarrkirche besuchen. Als sich mehr und mehr der Nebel auflöste, wurde die Landschaft zu einem Paradies. Unsere kleine Wandergruppe kam an einem einsamen Berggasthaus vorbei und beschloss, nachdem wir uns die Speisenkarte angesehen hatten, auf dem Rückweg hier einzukehren, um zu Mittag zu essen. Oberhalb von St. Peter sahen wir über einem See die schneebedeckten Geislerspitzen – eine paradiesische, überwältigende Landschaft. Wir staunten und schwiegen, um uns ganz in dieses Wunder der Natur zu versenken. Niemand sprach, um diese geheiligte Atmosphäre nicht zu stören. Es war mir, als ob ich mich bei jedem Ausatemzug tiefer in das Geheimnis der Schöpfung versenken würde.
Ein junger Mann durchbrach die Stille und sagte halblaut zu seiner Freundin: „Wir nehmen gleich die Schlachtplatte." Man merkte schon vor dieser Äußerung, wie die Blicke des jungen Mannes im Grunde genommen mit dieser wunderbaren Aussicht wenig anfangen konnten. In diesem Augenblick sagte ihm die wunderschöne paradiesische Landschaft nichts, denn er hatte etwas ganz anderes im Sinn.
Da wir alle vor dem Aufstieg am Morgen gut gefrühstückt hat-

ten, konnte es eigentlich nicht sein, dass er Hunger hatte. Doch die Welt am Tisch bedeutete ihm wohl mehr als die himmlische Landschaft, die sich bei abziehendem Nebel vor uns öffnete.
Es ist bedauerlich zu sehen und erfahren zu müssen, wie so mancher „Tourismus“ niemals an seinem eigentlichen Ziel ankommt. Aus eigener Erfahrung darf ich sagen, dass es Ähnliches auch in meinem Leben gab und gibt. Vordergründige Gedanken und Ziele können uns so besetzen, dass wir die Chance des Augenblicks und damit die Wirklichkeit, die unser Leben zuinnerst ausmacht, gar nicht wahrnehmen und somit verpassen. Das Wesentliche, in dem wir von Natur aus bleiben möchten, erreicht uns nicht. Wir gehen darüber hinweg, ohne es zu bemerken, da uns anderes so interessiert, dass wir unter Umständen die eigentliche Wirklichkeit aufgeben, ja sogar preisgeben. Das, was wir vordergründig tun, widerspricht in den meisten Fällen dieser Wirklichkeit, die unsere innerste ist und sein möchte.

Bleibt in mir und ich bleibe in euch ... Bleibt in meiner Liebe! ... Dies habe ich euch gesagt, damit meine Freude in euch ist und damit eure Freude vollkommen wird.
(Johannes 15,4a.9b.11)

Erbe annehmen

Niemand setzt das rechtsgültig festgelegte Testament eines Menschen außer Kraft oder versieht es mit einem Zusatz.
(Galaterbrief 3,15)

Als Vater durch einen plötzlichen Unfall ums Leben kam, war ich 25 Jahre alt und noch recht unerfahren. Er hatte ein klares und eindeutiges Testament hinterlassen: Alles, was er besaß, gehörte ab diesem Tag seiner Frau, und nach ihrem Tod sollten sich die beiden Kinder das teilen, was seine Frau übrig ließ.
Mutter stand noch Tage nach Vaters Tod unter dem Schock des Plötzlichen. Ich musste mein Studium aufgeben, um Vaters Stellung im Betrieb zu übernehmen. Meine Schwester war ausgebildete Medizinisch-technische Assistentin. Jetzt, nachdem Vater uns entrissen worden war, hatte jeder von uns Dreien eine Menge mit sich selbst zu tun. Wohl aus diesem Grund und mangelnder Übersicht ließen wir uns von einem Verwandten und dem Steuerberater überreden, Vaters Testament auszuschlagen und eine „steuerlich bessere" Lösung an seine Stelle zu setzen. Der Staat erkannte diese selbstgefertigte neue Verteilung an, und wir sparten nach Aussage des Steuerberaters eine Menge ansonsten zu zahlender Steuern. Diese Lösung, so hieß es, sei auch für die Zukunft die beste.
Und was geschah in Wirklichkeit? Schon einige Monate nach Vaters Tod wurden aus der Familie Ansprüche laut und Forderungen geltend gemacht, die nach Vaters Testament keine Rechtsgrundlage gehabt hätten; jetzt aber mussten wir uns schmerzlich damit auseinandersetzen. Eine Lawine unguter Ereignisse folgte, und keiner von uns fand die Ruhe und den Frieden, den Vater seiner

kleinen Familie so sehr gewünscht hatte. Als Mutter genau dreißig Jahre nach Vaters Tod von uns ging, sagte sie einige Tage vorher zu mir: „Vaters Testament nicht anzunehmen, war der größte Fehler, den wir machen konnten. Unsere besserwisserische Entscheidung hat uns allen nur Unglück gebracht."
Mutters Worte verstärkten noch einmal meine Einstellung, die ich schon vor Jahrzehnten getroffen hatte: Schlage niemals – und komme auch, was kommen mag – den letzten Willen eines Menschen aus. Selbst wenn die Erfüllung des letzten Willens nicht einsehbar, teuer, umständlich oder kaum durchführbar ist: Setze alles daran, so gut es eben möglich ist, den letzten Willen eines Verstorbenen zu erfüllen. Diese meine gegenteilige und schmerzliche Erfahrung durfte ich an viele Familien, in denen ich eine Sterbebegleitung machen durfte, warnend weitergeben. Immer wieder stellte ich fest, wie Hinterbliebene meinten, vieles besser zu wissen, was aber in keiner Weise dem Willen des Verstorbenen entsprach.

Das Testament, dem Gott zuvor Gültigkeit verliehen hat, wird durch das vierhundertdreißig Jahre später erlassene Gesetz nicht ungültig, sodass die Verheißung aufgehoben wäre.
(Galaterbrief 3,17)

Wo nämlich ein Testament vorliegt, muss der Tod des Erblassers nachgewiesen werden; denn ein Testament wird erst im Todesfall rechtskräftig und gilt nicht, solange der Erblasser noch lebt.
(Hebräerbrief 9,16–17)

Ruhe suchen

Da sagte er: Mein Angesicht wird mitgehen, bis ich dir Ruhe verschafft habe.
(Exodus 33,14)

„Durch den Unfalltod meines Mannes bin ich in eine schwere Krise geraten. Erst jetzt weiß ich, was er mir in den Jahren unserer Ehe alles abgenommen hat. Neben den vielen Überweisungen für Telefon, Strom, Versicherungen usw. hat er versucht, jede Unannehmlichkeit von mir fern zu halten. Ich schäme mich, dass ich dies erst so spät erkenne und nicht mehr in der Lage bin, mich dafür dankbar zu zeigen. Ich fühle mich wie vor einem riesigen Berg stehend, über den ich nicht hinwegschauen kann.
Als ich ein Buch über das Ruhegebet las, fühlte ich mich so angesprochen, dass ich mich entschloss, einen Einübungskursus zu belegen. Meine ersten Erfahrungen, in dieser so ganz einfachen Art zu beten, waren erstaunlich gut. Auch meine ich, den theologischen Hintergrund verstanden zu haben und vor allem, dass tiefe Ruhe heilsam für Körper, Geist und Seele ist. In unserer Gruppe treffen wir uns einmal im Monat, um zusammen zu beten, zu schweigen und einem geistlichen Impuls zu lauschen. Ich darf sagen: Diese Treffen tun mir außerordentlich gut, und ich möchte sie auch nicht missen, da wir immer über unsere persönlichen Erfahrungen sprechen.
Die Erfolge jedoch, die uns der Kursleiter beim ersten Kursus in Aussicht gestellt hat, in allem ruhiger und gelassener zu werden und neue Lebenskraft zu empfangen, sind bei mir leider noch nicht wie erwartet eingetreten. Wenn ich nach Hause komme, steht der Berg an unerledigten Aufgaben genau wie früher un-

überschaubar vor mir. Ich weiß, dass ich viel Zeit benötige und Geduld, und doch habe ich mir vom Ruhegebet eine schnellere Hilfe versprochen. Oder mag es sein, dass die hohen Erwartungen, die ich von Anfang an hatte, hemmend im Weg stehen? Wann kehrt endlich die Ruhe und Zufriedenheit wieder bei mir ein, die ich im Zusammensein mit meinem Mann empfunden habe?“

„Sie sagen mit Recht, dass Ihre hohen Erwartungen, die Sie an das Ruhegebet stellen, hemmend im Weg stehen. Das Ruhegebet entspricht einem Ganzopfer, das heißt, ich gebe mich mit allem, was ich bin und habe, in die Hände Gottes. Es ist normal, dass sich immer wieder hemmende Faktoren einschleichen, die den Prozess der Hingabe aufhalten. Deshalb ist es so wichtig, über die eigenen Erfahrungen zu sprechen – und ganz besonders dann, wenn sie negativ sind. Durch Ihre Erwartung, das Ruhegebet müsse etwas ganz Bestimmtes in Ihrem Leben verändern, sind Sie fixiert und können nicht richtig loslassen.

Wenn Sie die dritte Vaterunser-Bitte beten: ‚Dein Wille geschehe wie im Himmel so auf Erden‘, beten wir nicht darum, dass unser Wille geschehe, sondern der göttliche. Diese Hingabe wird im Ruhegebet eingeübt – und zwar bedenkenlos und vertrauend. Halten Sie nichts zurück und sparen Sie nichts aus, umso schneller wird sich Ihnen das Notwendige schenken. Letztlich weiß nur der Herr, was wir am nötigsten brauchen – und genau das lässt er uns zufließen. Hingabe schafft Rettung!“

Denn ihr seid bis jetzt nicht in die Ruhe und in den Erbbesitz eingezogen, die der Herr, dein Gott, dir gibt.

(Deuteronomium 12,9)

Durch Umkehr und Ruhe werdet ihr gerettet, im Stillhalten und Vertrauen liegt eure Kraft.
(Jesaja 30,15)

Kommt alle zu mir, die ihr mühselig und beladen seid! Ich will euch erquicken. Nehmt mein Joch auf euch und lernt von mir; denn ich bin gütig und von Herzen demütig; und ihr werdet Ruhe finden für eure Seele.
(Matthäus 11,28–29)

Darum lasst uns ernsthaft besorgt sein, dass keiner von euch zurückbleibt, solange die Verheißung, in seine Ruhe zu kommen, noch gilt.
Denn wer in seine Ruhe eingegangen ist, der ruht auch selbst von seinen Werken aus, wie Gott von den seinigen.
(Hebräerbrief 4,1.10)

Körper und Geist

Jeder Baum, der keine gute Frucht hervorbringt, wird umgehauen und ins Feuer geworfen.
(Matthäus 3,10)

In unserem Haus war die Heizung defekt. Da der Installateur, der sie jahrelang betreute, nicht mehr zuverlässig war, wandten wir uns an einen neuen jungen Unternehmer, der die Sache zuverlässig und kompetent in die Hand nahm. Als er hörte, dass ich Priester sei, bat er zwischen den Reparaturarbeiten um ein Gespräch. „Ich hätte studieren können – auch meine Eltern waren dafür und bereit, mich finanziell zu unterstützen. Einerseits wäre ich gern zur Technischen Hochschule in Berlin gegangen, um Diplom-Ingenieur zu werden. Der Massenbetrieb an den Universitäten jedoch und das Überangebot an Akademikern haben mich vom Studium abgehalten. Da ich praktisch und handwerklich begabt bin – der Vater meiner Mutter war Tischlermeister –, entschloss ich mich, Heizungs- und Sanitärinstallateur zu werden, um mir später einen eigenen Betrieb aufzubauen. Und genau da stehe ich heute: Aufträge über Aufträge, sodass ich bereits vielen Kunden eine Absage erteilen muss. Im Heizungs- und Sanitärbereich müssen wir – meine fünf Mitarbeiter und ich – rund um die Uhr einsatzbereit sein. Ich verdiene mit meinem Handwerk viel Geld, muss jedoch täglich von Baustelle zu Baustelle rasen. Mein Schwerpunkt liegt in der Altbausanierung. Wegen der Überalterung der Anlagen sind es meist sehr kostenintensive Reparaturen. Durch meine Frau und unser erstes Kind erfahre ich eine gewisse Erfüllung und Freude, doch stelle ich bei mir mehr und mehr fest, dass mir etwas Wichtiges – ich kann es nicht näher beschreiben – fehlt. Erschöpfung und Müdigkeit überfallen mich und das, was so engagiert und erfolgreich begonnen hat, beginnt brüchig zu werden. Habe ich vielleicht zu verbissen meine Ziele verfolgt oder habe ich durch eine einseitige fachliche Ausrichtung eine Entmenschlichung meiner Arbeit erfahren? Gibt es Wege, sowohl die innere als auch die äußere Balance wiederherzustellen?"

Im Gespräch versuchte ich, einen Mittelweg herauszufinden zwischen Privatleben und beruflichem Engagement, und stellte dabei fest, dass dieser junge Unternehmer sich total und fast krankhaft für seinen neu gegründeten Betrieb engagierte. Durch ein Bild konnte ich ihm die Wichtigkeit und die Pflege der Innerlichkeit und damit die notwendige religiöse Dimension aufzeigen.

Wenn man den Menschen mit einem Baum vergleicht, so sind die frischen grünen Blätter ein Bild für all unsere beruflichen Anstrengungen. Auf der anderen Seite verlangt aber auch unsere Innerlichkeit nach ihrem Recht. Es kommt darauf an, die religiöse Dimension so zu pflegen und zu kultivieren, dass daraus die Frucht des Baumes erwachsen kann. Damit der Baum Frucht bringt, ist aber auch der Schutz durch die Blätter notwendig, das heißt, viele äußere Faktoren müssen unterstützend und stimmig sein. Und das wiederum ist die berufliche Anstrengung.

Doch achte auf einen Rat des Herzens,
denn niemand ist dir treuer als dieses!
Denn die Seele eines Mannes regt sich gewöhnlich eher
als sieben Späher auf einem Wachturm.
Wegen alldem bitte den Höchsten,
dass er in Wahrhaftigkeit deinen Weg lenkt!
(Jesus Sirach 37,13–15)

Daher betete ich und es wurde mir Klugheit gegeben;
ich flehte und der Geist der Weisheit kam zu mir.
(Weisheit 7,7)

Maß halten

Kind, bei all deinem Tun bleibe bescheiden
und du wirst geliebt werden von anerkannten Menschen!
Je größer du bist, umso mehr demütige dich
und du wirst vor dem Herrn Gnade finden!
(Jesus Sirach 3,17–18)

Der Dechant des Dekanates, zu dem ich als Pfarrer gehörte, lud zur Feier seines sechzigsten Geburtstags ein. Da es an einem Montag war, konnte ich zusagen, ohne meine Gemeinde zu vernachlässigen. Die Feier begann mit einem Gottesdienst in der Stadtkirche. Da ich nicht gern konzelebriere, sondern lieber in der heiligen Messe still für mich bleibe, habe ich auf die gemeinsame Feier am Altar verzichtet. Als nach dem Glockenschlag die Messdiener und die Priester einzogen, spielte die Orgel die Melodie: „Happy birthday to you." Die Zelebranten machten einen feierlichen „Umweg" zum Altar, sodass die Geburtstagsmelodie mehrere Male wiederholt werden konnte. Die Kirche war voller Menschen, und einige, die in meiner Nähe standen, waren sichtlich gerührt. Mir jedoch war diese Ouvertüre derart unangenehm, dass ich am liebsten die Kirche fluchtartig verlassen hätte.
Es begann ein feierliches Hochamt, und selbst Weihrauch fehlte nicht. Ich konnte nicht anders, als mich wiederholt zu fragen: Für wen wird gefeiert? Die Peinlichkeit, die ich empfand, steigerte sich noch um ein Weiteres. Der Dechant hielt die Predigt zu seinem Geburtstag selbst und erzählte – einem Fotoalbum folgend – seine eigene Lebensgeschichte von Jugend an. Außerhalb dieser Feier hätte seine Biografie, die den meisten bereits bekannt war, einen wohl weitaus besseren Platz gefunden.

Nach dem Gottesdienst fand bei gutem Wetter der Empfang im Pfarrgarten statt. Die Reihe der Gratulanten schien endlos zu sein; ich reihte mich ein. Mit jedem wechselte der Dechant ein paar freundliche Worte und stieß mit ihm an. Schritt um Schritt ging es langsam weiter. Als ich vor ihm stand und gratulierte, bemerkte ich, wie er ein wenig schwankte und sich festhalten musste. Seine Augen waren trübe und seine Stimme verlangsamt. Das Ganze war mir so peinlich, dass ich gleich nach Hause fuhr. Mir gefällt es einfach nicht, wenn ein „Diener Gottes" sich selbst im Hause Gottes auf diese Weise feiern lässt. Bin ich herzlos oder zu wenig tolerant, wenn ich diese Gefühle und Gedanken habe und sie zudem noch ausspreche?

Er muss wachsen, ich aber geringer werden. Er, der von oben kommt, steht über allen; wer von der Erde stammt, ist irdisch und redet irdisch. Er, der aus dem Himmel kommt, steht über allen.
(Johannes 3,30–31)

Vor dem Donner blitzt es
und einem Bescheidenen geht Liebenswürdigkeit voran.
Erhebe dich zur rechten Stunde und sei nicht der Letzte!
Geh nach Hause und sei nicht ausgelassen!
(Jesus Sirach 32,10–11)

Zeit zum Reden, Zeit zum Schweigen

Vor dem Reden lerne!
Vor einer Krankheit lass dich behandeln!
Vor einer Entscheidung prüfe dich selbst!
Und in der Stunde der Heimsuchung wirst du Versöhnung finden.
(Jesus Sirach 18,19–20)

Ich war Wallfahrtsseelsorger in Kevelaer, einem Ort am Niederrhein, der Maria als Trösterin der Betrübten geweiht ist. Mein Aufgabenbereich war vielfältig: das Feiern der Heiligen Messe, Pilger-Predigten, Seelsorge und Sterbebegleitung im Marien-Hospital und im Altenheim, Einkehrtage für Ordensleute und vor allem und immer wieder geistliche Gespräche. Diese fanden entweder im Beichtstuhl statt, im Sprechraum der Kirche oder in meiner Wohnung. Eine noch tiefere Dimension des Heils gewann das Gespräch, wenn ich am Ende das Sakrament der Versöhnung spenden durfte.
Es ist selbstverständlich, jedoch oft nicht einfach, über all das zu schweigen, was ich unter vier Augen hörte und was mir in Verschwiegenheit anvertraut wurde. Natürlich trage ich vieles mit, und allzu oft nur ziehen mich menschliche Probleme gewaltig nach unten. Durch mein Ruhegebet jedoch, das ich zweimal täglich ungefähr dreißig Minuten lang bete, kann ich das meiste wieder abgeben, um offen und frei für Neues zu sein.
Neben den bekannten Pilgergruppen kommen auch viel Menschen allein nach Kevelaer, um durch die „Trösterin der Betrübten" Fürsprache und Heil zu finden. Die Sehnsucht, das Herz auszuschütten und lange Gespräche zu führen, ist bei den meisten Rat- und Hilfesuchenden sehr groß. Durch das Zuhören, das gemeinsame Gespräch und die sich daraus ergebenden Fragen

an das Leben und an Gott, erfahre ich auch immer wieder bei mir eine tiefere Dimension des Glaubens. Daraus ziehe ich großen Nutzen für mich und andere. Manchmal jedoch fühle ich mich mit zunehmendem Alter erschöpft und bin froh, wenn niemand zu mir kommt. Ich hoffe, dass der Herr mir dies vergeben wird. Das, was früher fast grenzenlos geschah und ich bei mir als aufbauend und hilfreich erlebte, empfinde ich heute manchmal sogar als belastend und bedrückend.
Ich habe den Eindruck, langsam von der aktiven Welt zurückgerufen zu werden in eine Welt des Schweigens und der Stille. Und gerade hier rundet sich vieles ab, was ich noch als eckig und kantig mit mir herumtrage – eine wunderbare und gnadenvolle Erfahrung. Ein nicht ganz einfaches Wort, das ich bei einem Mönchsvater las, führte bei mir zur Anerkennung und Bejahung meines veränderten Zustandes. „Wenn der Mensch mit Vorsicht seinen Sitz bereitet, dann wird er nimmer mehr fehlen."

Es gibt einen, der schweigt, denn er hat keine Antwort, und es gibt einen, der schweigt, weil er den rechten Zeitpunkt erkannt hat.
(Jesus Sirach 20,6)

Suche nicht, was für dich zu schwierig ist, und erforsche nicht, was deine Kräfte übersteigt! Was dir geboten worden ist, das überdenke, denn du hast keinen Bedarf an verborgenen Dingen! Verwende keine Mühe auf außergewöhnliche Dinge, denn mehr, als Menschen verstehen können, wurde dir gezeigt.
(Jesus Sirach 3,21–23)

Am Morgen beginne zu säen, auch gegen Abend lass deine Hand noch nicht ruhen.
(Kohelet 11,6)

Wer bin ICH?

Persönlichkeit

Mehr als alles hüte dein Herz; denn von ihm geht das Leben aus.

(Sprichwörter 4,23)

Liebe deckt zu

Wer Fehler zudeckt, sucht Freundschaft;
wer eine Sache weiterträgt, trennt Freunde.
(Sprichwörter 17,9)

Wenn auch die Begebenheit lange zurückliegt, so hat sie mich doch so beeindruckt, dass ich sie gern weitergeben möchte. Meine Mutter arbeitete während des zweiten Weltkrieges in einem Textilunternehmen, das auch Zwangsarbeiterinnen und Zwangsarbeiter beschäftigte. Ihre Sorge galt vor allem den Ukrainerinnen, die aus ihrer Heimat verschleppt wurden und entsetzlich unter dem Zwang und der damit verbundenen Arbeit litten. Sie waren neben dem Firmengebäude in Behelfsheimen untergebracht. Mutter half ihnen, wo sie nur konnte, und setzte sogar ihr Leben ein, als sie gegen Ende des Krieges über Monate einige Frauen bei uns Zuhause versteckt hielt und sie somit vor dem „Abtransport" bewahrte. Sie sprach niemals darüber. Als jedoch in späterer Zeit im Rahmen von Wiedergutmachungs-Leistungen ihr lebensgefährlicher Einsatz für die Ukrainerinnen bekannt wurde, erhielt sie das Bundesverdienstkreuz.
Nach der offiziellen Feier im Rathaus – wir mussten Mutter überreden, diese Ehrung anzunehmen – gab es ein Essen, zu dem der Bürgermeister und Vertreter der Stadt eingeladen hatten. Die Tafel war festlich gedeckt: kostbares Geschirr, Blumenarrangements und Kerzen, an jedem Platz mehrere Gläser und Bestecke und für jeden Gast eine kleine silberne Schale zum Waschen der Finger. Als alle Platz genommen hatten – neben Mutter saß zur Rechten der Bürgermeister und zur Linken meine Großmutter –, hielt der Stadtdirektor eine kleine Ansprache und forderte auf, zum Wohl meiner Mutter anzustoßen.

Diese Situation nahm eine ältere Tante von mir zum Anlass, folgende Begebenheit zu erzählen: „Ich war zu einem Empfang eingeladen, der ebenfalls aufgrund der Verleihung eines Bundesverdienstkreuzes stattfand. Bis auf die zu ehrende Dame standen alle auf. Deren Mutter, die mit einem Empfang dieser Art nicht vertraut war, nahm die Fingerschale und setzte an, daraus zu trinken. Der Bürgermeister und nacheinander alle Gäste taten das Gleiche: Sie nahmen ihre Schale statt der Gläser und tranken wie selbstverständlich daraus. Ihre Tochter – wie sie später sagte – versank im Boden."

Die Liebe tut dem Nächsten nichts Böses. Also ist die Liebe die Erfüllung des Gesetzes.
(Römerbrief 13,10)

Seid alle eines Sinnes, voll Mitgefühl und Liebe zueinander, seid barmherzig und demütig! Vergeltet Böses nicht mit Bösem oder Schmähung mit Schmähung! Im Gegenteil: Segnet, denn dazu seid ihr berufen worden, dass ihr Segen erbt.
(1. Petrusbrief 3,8–9)

Freundschaft

Wenn du einen Freund gewinnen willst,
gewinne ihn durch Erprobung
und vertrau ihm nicht zu schnell!
Denn es gibt einen Freund zum für ihn günstigen Zeitpunkt,
am Tag deiner Not bleibt er nicht.
(Jesus Sirach 6,7–8)

Während meiner Studienjahre in Münster glaubte ich, einen guten Freund zu haben. Bernhard studierte Betriebswirtschaft und ich Psychologie. Im Studium lernten wir uns kennen und verstanden uns gleich gut. Neben vielen Ausflügen, die wir gemeinsam unternahmen, war er in meiner Familie willkommen und ich – so glaube ich – auch in seiner Familie. Bernhard hatte noch drei Geschwister, sein Vater war Landrat. Unserer Freundschaft stand nichts im Wege und sie konnte sich vertiefen und wachsen. Eine herzliche Frische und Innerlichkeit erfüllte unser Beisammensein, und bei jedem Abschied freuten wir uns auf ein Wiedersehen.
Und dann kam es plötzlich zu einem Bruch, über dessen Ursache und Auswirkung wir bis heute nicht gesprochen haben. Die Wochenenden verbrachten wir meist zu Hause. Unsere Elternhäuser lagen ungefähr 70 Kilometer voneinander entfernt. An einem Sonnabend im Oktober verunglückte mein Vater tödlich mit dem Auto. Die Nachricht erhielten wir mittags gegen 13 Uhr. Vater war frühmorgens zur nahe gelegenen Ems gefahren, wo er vom Boot aus angeln wollte. Und auf der Rückfahrt geschah es ... Bei regnerischem Wetter konnte Vater in einer Kurve den Wagen nicht halten, der dann gegen einen Baum raste. Wahrscheinlich hat he-

rabgefallenes Laub den Wagen zum Rutschen gebracht. Zeugen gab es nicht ...

Als ich in meinem Schock und in meiner Trauer Bernhard noch am gleichen Tag anrief, erschien mir sein Verhalten sonderbar und wenig mitfühlend. Es schmerzte mich, dass er sich so distanziert verhielt und nicht gleich zu mir kam. Wegen der vielen neuen schmerzhaften Umstände, die besonders der plötzliche Tod eines geliebten Menschen mit sich bringt, und der umfangreichen Trauervorbereitungen konnte ich mich nicht mit Bernhards sonderbarem Verhalten auseinandersetzen.

Die Zeit bis zur Beerdigung war randvoll gefüllt, und die Tage gingen in die Nächte und die Nächte in die Tage über, ohne dass ich es bemerkte. Der plötzliche Tod und der Abschied von Vater waren für mich unfassbar. Wie sehr hätte ich einer liebevollen und fürsorgenden Unterstützung in diesen schweren Tagen bedurft! Von Bernhard jedoch kam kein einziges Zeichen. Am Tag der Beerdigung distanzierte er sich noch einmal ganz deutlich von mir und meiner Familie, was ich bis heute nicht vergessen kann. Es geschah noch einmal in gleicher Weise, aber verstärkt, etwas für mich völlig Überraschendes und Unverständliches: Zur Beerdigung meines Vaters konnte Bernhard nicht kommen, da er – wie er kurz am Telefon sagte – seinen Vater unbedingt zum Flughafen nach Düsseldorf fahren müsse. Auch am Nachmittag oder am Abend dieses so einschneidenden und schweren Tages kam er nicht. Als auch bis kurz vor Mitternacht kein Zeichen von ihm kam, zerbrach die gute innere Verbindung zu ihm vollständig und meine Zuneigung zu ihm verkehrte sich vorübergehend in ihr Gegenteil. Das Urteil, das sich über Bernhard und unsere angebliche Freundschaft in mir bildete, war über viele Jahre von unerbittlicher Härte.

Der Freund erweist zu jeder Zeit Liebe,
der Bruder ist für die Not geboren.
(Sprichwörter 17,17)

Denn wenn ihr den Menschen ihre Verfehlungen vergebt, dann wird euer himmlischer Vater auch euch vergeben. Wenn ihr aber den Menschen nicht vergebt, dann wird euch euer Vater eure Verfehlungen auch nicht vergeben.
(Matthäus 6,14–15)

Abschalten

Mehr als alles hüte dein Herz; denn von ihm geht das Leben aus. Vermeide alle Falschheit des Mundes und Verkehrtheit der Lippen halt von dir fern! Deine Augen sollen geradeaus schauen und deine Blicke richte nach vorn!

(Sprichwörter 4,23–25)

Viele Menschen, die versucht werden, erliegen zwar nicht der Versuchung, doch in ihrer Vorstellung und in ihrem Denken befriedigen sie ihre unlauteren Wünsche. Was nützt es, uns äußerlich zu bewahren, in der Seele aber zu sündigen? Abgesehen von entsprechender Literatur und Bildern sind viele Fernsehsendungen offensichtlich oder auch unterschwellig auf sündhaftes Verhalten angelegt. Allein schon zweideutige Bemerkungen eines Moderators in sogenannten Sketchen lassen im Bewusstsein der Zuschauer Bilder aufkommen, die sich dann bis in die Tiefe des menschlichen Herzens weiterentwickeln.

Bei Besuchen bekomme ich des Öfteren Teile von Fernsehsendungen mit, die hauptsächlich von Jugendlichen angeschaut werden. Und selbst wenn ich mit dem Gesprächspartner in ein anderes Zimmer gehe, verfolgt mich der Ton. Nicht selten bin ich entsetzt, mit welcher bodenlosen Frechheit und Dreistigkeit menschliche Dinge angesprochen und in den Dreck gezogen werden. Ich stelle fest, wie oft spät abends oder auch im Traum mir diese Eindrücke wieder ins Bewusstsein kommen. Versuche, Gehörtes oder Gesehenes sofort zu vergessen, gelingen mir nicht. Ich spüre, dass hier mein Wille versagt und ich diesen nach unten ziehenden Kräften erst einmal ausgeliefert bin.

Es ist wichtig, dass wir uns nicht diesen schleichend zerstöre-

rischen Mächten aussetzen, ja, ihnen überhaupt keine Chance geben, uns zu berühren. Es ist nicht nur gut, sondern auch notwendig, mit aller Aufmerksamkeit das Herz zu bewahren – das gilt für jeden! Und dazu können wir aktiv etwas tun:
Ich erinnere mich allzu gut an meine Großmutter, die 96 Jahre alt wurde. Sie stammte aus einer sehr musikalischen Familie und hatte in Rheine ein Quartett aufgebaut, bei dem sie den Klavierpart spielte. Als sie älter wurde, musste sie das Musizieren aufgeben, und da es zu ihrer Zeit noch kein Fernsehen gab, hörte sie viel Radio. Sie hatte die Zeitschrift „Hör zu" abonniert und darin die Sendungen, die sie gern hören wollte, mit Rot angekreuzt. Es waren in der Regel Musiksendungen und politische Kommentare. Sobald die ausgewählte Sendung zu Ende war, schaltete sie das Radio aus und war für andere oder anderes da.
In einer Zeit, in der ich mehr Fernsehsendungen anschaute, habe ich es meiner Großmutter gleich getan und vorher in der Fernsehzeitschrift all das angekreuzt, was ich gern sehen wollte. So kam ich nicht in die Versuchung, durch das Springen von einem Sender zum anderen – in der Hoffnung, etwas Passendes zu finden –, Bilder oder Szenen zu schauen, die noch beim Einschlafen in mir hochkamen und mich belasteten.

Und führe uns nicht in Versuchung, sondern rette uns vor dem Bösen.
(Matthäus 6,13)

Noch ist keine Versuchung über euch gekommen, die den Menschen überfordert. Gott ist treu; er wird nicht zulassen, dass ihr über eure Kraft hinaus versucht werdet. Er wird euch mit der Versuchung auch einen Ausweg schaffen, sodass ihr sie bestehen könnt.
(1. Korintherbrief 10,13)

Gott führt aber auch selbst niemanden in Versuchung. Vielmehr wird jeder von seiner eigenen Begierde in Versuchung geführt, die ihn lockt und fängt.

(Jakobusbrief 1,13b–14)

Loslassen

Die Engel sagten zu ihr (Maria Magdalena): Frau, warum weinst du? Sie antwortete ihnen: Sie haben meinen Herrn weggenommen und ich weiß nicht, wohin sie ihn gelegt haben. Als sie das gesagt hatte, wandte sie sich um und sah Jesus dastehen, wusste aber nicht, dass es Jesus war. Jesus sagte zu ihr: Halte mich nicht fest; denn ich bin noch nicht zum Vater hinaufgegangen.
(Johannes 20,13–14.17a)

Zusammen mit ihrer Tochter führte sie ein kleines Café in Kevelaer, einem Wallfahrtsort, in dem ich Kaplan und Krankenhaus-Seelsorger war. Ihr Haus lag an der Basilikastraße, die zum Marienhospital führt. Da ich oft in der Nacht, sehr früh am Morgen und auch tagsüber zu Sterbenden gerufen wurde, war es mir nicht möglich, mit einem geregelten Tagesablauf zu leben. So kam es häufig vor, dass ich auf meinem Weg vom Krankenhaus zu meiner Wohnung oder zur Kirche in eben diesem Café Halt machte, meinen geliebten schwarzen Ostfriesentee mit Kandiszucker und Sahne trank und dazu ein Käsebrötchen aß. Zu beiden Damen entwickelte sich im Laufe der Zeit ein herzlicher Kontakt – besonders zu der älteren, die weit über achtzig Jahre alt war. Eines Tages musste sie wegen eines akuten Herzversagens plötzlich ins Krankenhaus eingeliefert werden. Ich hatte Zugang zur Intensivstation und konnte sie somit täglich besuchen. Trotz der Nähe des Todes – die Ärzte hatten alle Hoffnung aufgegeben – strahlte diese Frau einen tiefen Frieden, ja, sogar eine ansteckende Heiterkeit aus. Sie wusste um ihren nahen Tod und wir sprachen darüber. Die Implantation eines Herzschrittmachers hatte sie schriftlich schon einige Jahre zuvor abgelehnt. Die Krankensalbung und die letzte

Wegzehrung, die ich ihr reichen durfte, wurden zu einem Fest des Abschieds.

Als der Tod sich näherte, wurde ich auf ihren Wunsch hin gerufen. Ihre Tochter und eine Freundin der Tochter standen am Sterbebett. Die Blicke der Sterbenden sagten mir, alles zwischen uns sei ausgesprochen und ich könne schweigen, was ich sofort verstand und als sehr wohltuend empfand. Die Tochter und ihre Freundin jedoch konnten ihre Hilflosigkeit und Aufregung nicht verbergen. Ich hatte den Eindruck, dass sie der Sterbenden durch ihr Verhalten, ihre Worte und Tränen wie auch durch die eigene Angst vor dem Tod den Abschied sehr erschwerten. Ich musste mich sehr zurücknehmen, um nicht einzugreifen. Die ältere Dame starb in Würde, in Ruhe und tiefem Frieden. Sie hielt in ihrer Rechten die Hand ihrer Tochter, und in der Linken die meine.

Der Abt eines Klosters lag im Sterben. Die Brüder umstanden sein Bett, um ihm beizustehen und ihn zu beweinen. Er aber öffnete seine Augen und lachte, öffnete wieder seine Augen und lachte ein zweites Mal und tat dasselbe ein drittes Mal. Da fragten ihn die Brüder: „Sage uns, Vater, warum du lachst, während wir weinen." Der Abt antwortete: „Zum ersten Mal habe ich gelacht, weil ihr alle den Tod fürchtet. Zum zweiten Mal, weil ihr nicht bereit seid. Und zum dritten Mal, weil ich von der Arbeit hingehe zur Ruhe." (Apophthegmata Patrum, 999. Aus der lateinischen Überlieferung von H. Rosweyde)

Als Jesus den Tumult sah und wie sie heftig weinten und klagten, trat er ein und sagte zu ihnen: Warum schreit und weint ihr? Das Kind ist nicht gestorben, es schläft nur. Da lachten sie ihn aus. Er aber warf alle hinaus ... Er fasste das Kind an der Hand und sagte zu ihm: Talita kum!, das heißt übersetzt: Mädchen, ich sage dir, steh auf!
(Markus 5,38–41)

Die Seelen der Gerechten aber sind in Gottes Hand
und keine Folter kann sie berühren.
In den Augen der Toren schienen sie gestorben,
ihr Heimgang galt als Unglück,
ihr Scheiden von uns als Vernichtung;
sie aber sind in Frieden.
(Weisheit 3,1–3)

Vom Ego zum Du

Wenn ihr begriffen hättet, was das heißt: Barmherzigkeit will ich, nicht Opfer, dann hättet ihr nicht Unschuldige verurteilt.
(Matthäus 12,7)

Noch bevor sein Sohn geboren wurde, „wusste" der Vater, was dieser später einmal studieren und welchen Beruf er ausüben würde. Als kleines Kind ließ sich sein Sohn entsprechend lenken und folgte dem extremen Willen des Vaters. Doch mit zunehmendem Alter des Sohnes wurde das Verhältnis zwischen beiden schwieriger und problembeladen. Jedes Mal, wenn der Heranwachsende Eigenschaften zeigte oder entwickeln wollte, die nicht in das vorgegebene Programm und Schema seines Vaters passten, wurde er zurückgewiesen oder gar abgelehnt. Entsprach er jedoch den Erwartungen seiner Eltern – die Mutter hatte sich aus Gewohnheit und Bequemlichkeit den Vorgaben ihres Mannes angeschlossen –, war er das liebste Kind, und sie erfüllten ihm fast jeden Wunsch. Der Sohn hätte diese Haltung der Eltern geschickt für sich ausnutzen können, doch er blieb sich bereits in relativ jungen Jahren treu.
Zwischen seinem 14. und 18. Lebensjahr zeigte sich dann eindeutig und unmissverständlich, dass er die an ihn gestellten Anforderungen nicht erfüllen konnte, aber auch nicht wollte. Er gab die Schule kurz vor dem Abitur auf und arbeitete einmal hier und einmal dort, um die Eltern nicht um Geld bitten zu müssen. Im Grunde liebte er seine Eltern und spürte auch eine gewisse Liebe von ihnen zu ihm. Daher verstand er es erst recht nicht, dass sie Unmögliches von ihm verlangten und keine Rücksicht auf seine Lebensweise und seine Sicht von den Dingen und der Welt nahmen.

Als eines Tages die Polizei vorfuhr und den Eltern sagte, ihr Sohn sei während einer Demonstration festgenommen worden, waren sie nicht nur fassungslos, sondern auch über alle Maßen wütend. Nach einem mehrstündigen Verhör wurde ihr Sohn freigelassen und kam nach Hause zurück. Der Vater sah ihn, und im gleichen Augenblick brachen die Aggressionen auf, die sich gegen seinen Sohn schon seit Langem aufgestaut hatten. Er warf ihn aus dem Haus und schrie hinterher, er solle sich nicht mehr blicken lassen. Als am nächsten Morgen der Vater die Haustür öffnete, fand er seinen Sohn – genau an der Stelle, wo er ihn von sich gestoßen hatte. In beiden, sowohl in dem Vater als auch in dem Sohn, schien eine große innere Wandlung vorgegangen zu sein. Als die Eltern über ihre enge Vorstellungswelt hinaus endlich den Mut fanden, ihr Herz zu öffnen, und Herzlichkeit und Toleranz zeigten, begann auch der Sohn, sich zu entspannen und zeigte keine aggressiven Gegenkräfte mehr.

Der Vater sah ihn schon von Weitem kommen und er hatte Mitleid mit ihm. Er lief dem Sohn entgegen, fiel ihm um den Hals und küsste ihn.

(Lukas 15,20b)

Erbarmen triumphiert über das Gericht.

(Jakobusbrief 2,13b)

Gewinnen statt verlieren

Wer den Nächsten verächtlich macht, ist ohne Verstand,
doch ein kluger Mensch schweigt.
Wer als Verleumder umhergeht, gibt Geheimnisse preis,
der Verlässliche behält eine Sache für sich.
(Sprichwörter 11,12–13)

„Nach dem frühen Tod meines Mannes – er wurde 47 Jahre alt – veränderte sich mein Leben drastisch. Erst später wurde mir klar, was er mir alles abgenommen und wie er mich vor den Rauheiten des Lebens bewahrt hat. Ich fühlte mich hilflos und allein. Unsere einzige Tochter war noch im Studium, und da sie sich auf ihr Endexamen vorbereitete, kam sie nur selten nach Hause. Wenn sie aber kam, nahm ich mich sehr zusammen und ließ sie meine tiefe Traurigkeit und Hilflosigkeit nicht spüren. Manchmal verzweifelte ich und wusste nicht, wie ich den nächsten Tag bestehen würde. Ich konnte meinen Mann zwar nicht zurückholen und mein inneres Rufen nach ihm wurde nicht erhört – es ergab sich jedoch für mich mit größer werdendem Abstand mehr innerer Freiraum. Durch meinen katholischen Glauben bekam ich Halt und Zuversicht.
Meine Tochter – wie sie mir später sagte – bemerkte seinerzeit meine seelische Not und tat nach ihrem Examen alles, damit sie in unserer Stadt eine Anstellung bekam. Sie wohnte zu Hause und sorgte für mich so viel sie nur konnte.
Eines Tages jedoch eröffnete sie mir, sie habe einen Freund und wolle zu ihm nach München ziehen. Sie habe mir nicht eher etwas gesagt, um mir nicht weh zu tun. Ich schwieg. Als ich Gerhard kennenlernte, war ich entsetzt. Ich konnte nicht anders – ich musste es meiner Tochter sagen.

Heute bereue ich das sehr, denn von diesem Zeitpunkt an hat sie sich von mir entfernt. Ich bin jedoch noch einen Schritt weitergegangen und habe bei meinen Verwandten und Bekannten schlecht über ihn gesprochen. Ich musste mir einfach Luft machen, sonst wäre ich daran erstickt. Viele kannten Gerhard bereits durch meine Tochter und empfanden eine ähnliche Abneigung wie ich. War das eine Wohltat, Gleichgesinnte zu finden, die ebenso entsetzt über die Wahl meiner Tochter waren wie ich! Es gab seinerzeit nichts Befreienderes für mich, als mit anderen abfällig über Gerhard zu sprechen: über seine Herkunft und Erziehung, sein Benehmen, seine Art zu sprechen und Witze zu machen ... Aber jetzt ist mein Seelenfriede wesentlich gestörter als dies nach dem Verlust meines Mannes war."

Darum bist du unentschuldbar – wer du auch bist, o Mensch –, wenn du richtest. Denn worin du den andern richtest, darin verurteilst du dich selbst, weil du, der Richtende, dasselbe tust.
(Römerbrief 2,1)

Es gibt eine Zurechtweisung, die nicht zur rechten Zeit kommt.
Wenig wird er geben und vieles wird er schmähen,
er wird seinen Mund aufreißen wie ein Marktschreier.
(Jesus Sirach 20,1.15)

In GUTEN wie in SCHLECHTEN Zeiten

Partnerschaft und Ehe

Alles hat seine Stunde.
Für jedes Geschehen
unter dem Himmel
gibt es eine
bestimmte Zeit.

(Kohelet 3,1)

Gemeinsam den Weg gehen ...

Wenn ein Mensch sich zu einer Verfehlung hinreißen lässt, so sollt ihr, die ihr vom Geist erfüllt seid, ihn im Geist der Sanftmut zurechtweisen. Einer trage des anderen Last; so werdet ihr das Gesetz Christi erfüllen.
(Galaterbrief 6,1a.2)

Nach einem Gespräch, zu dem mich der Pfarrer der Pfarrgemeinde St. Clemens in Hannover eingeladen hatte, ging ich in die Basilika, um mir den prächtigen Kuppelbau anzusehen. Als ich die Kirchentür öffnete, kam mir ein Herr entgegen, der die Basilika verlassen wollte. Er zögerte einen Moment, und als er sah, dass ich Priester war, bat er mich um ein Gespräch, das wir dann miteinander unter der großen Kuppel führten – außer uns beiden war niemand mehr in der Kirche.
„Es ist für mich jetzt, im Nachhinein, unvorstellbar, dass ich trotz unserer wirklich guten Ehe Kontakt zu einer anderen Frau aufgenommen habe. Dabei vermisse ich zu Hause nichts und bin dankbar, dass wir in einer so harmonischen Familie leben. Seit dieser Episode jedoch steht etwas zwischen meiner Frau und mir, das weder sie ausspricht noch ich aussprechen kann. Ich leide sehr darunter, denn ich habe keineswegs den Wunsch, sie zu verlassen oder etwas in unserer Familie zu ändern.
In der letzten Zeit ist alles für mich zu Hause ein wenig eintönig geworden: Die Kinder beginnen ihre Selbstständigkeit; ich habe das Gefühl, dass sie uns momentan weder brauchen noch wollen. Und Barbara, meine Frau, nutzt nun ihre größer gewordene Freiheit, indem sie Kurse über Kurse besucht und somit sehr viel unterwegs ist.

Als über Vierzigjähriger habe ich nun das Gefühl, zu Hause nicht mehr so wie früher gebraucht zu werden. Wahrscheinlich habe ich schon seit Langem nach neuer und ganz persönlicher Anerkennung gesucht. Als sich dann die Gelegenheit bot, bin ich voll in sie eingestiegen und habe nicht einmal ein schlechtes Gewissen gehabt. Jetzt quält es mich umso mehr, obwohl ich den inneren Weg zur Umkehr längst vollzogen habe."

Nach einer langen Pause fragte ich: „Glauben Sie, dass Ihre Frau einen Teil Mitverantwortung an Ihrem Ausbrechen trägt?" Die Antwort war ein klares Nein und zwar sehr liebevoll. Durch kein Wort belastete er seine Frau. Später fragte ich noch einmal: „Würden Sie, wenn Ihre Frau Ihnen dieses offenbarte, weiter mit ihr zusammen leben können?" Unser Gespräch dauerte lange ... und am Ende sagte er zu mir: „Meine Frau und ich haben ausführlich über alles gesprochen und sie sieht, wie sehr ich unter diesem Vergehen leide. Am Ende nahm sie mich in den Arm und sagte: ‚Lass uns gemeinsam den Weg weiter gehen, ich werde die Hälfte deiner Last mit dir tragen.'"

Einer trage des anderen Last; so werdet ihr das Gesetz Christi erfüllen.
(Galaterbrief 6,2)

Kommt alle zu mir, die ihr mühselig und beladen seid! Ich will euch erquicken.
(Matthäus 11,28)

Verbunden sein

So ist die Ehefrau durch das Gesetz an ihren Mann gebunden, solange er lebt; wenn ihr Mann aber stirbt, ist sie frei von dem Gesetz, das die Frau an den Mann bindet.
(Römerbrief 7,2)

„Ich frage mich allen Ernstes, ob es vor Gott nicht doch Gründe gibt, die es rechtfertigen, einen Ehepartner zu verlassen. Mit der Lehre der katholischen Kirche komme ich hier arg in Konflikt. Bin ich wirklich nach meinem Eheversprechen für alle Zeit an meinen Ehemann gebunden – selbst auf die Gefahr hin, dass ich selbst zugrunde gehe?
Mein Mann trinkt – und das schon über Jahre. Er musste deswegen seinen Beruf aufgeben. Nun arbeitet er nur noch gelegentlich ... Als die Katastrophe über uns hereinbrach, nahm ich meine frühere Arbeit wieder auf, um wenigstens das Notwendigste und seine Schulden bezahlen zu können. Aber auch von diesem Geld versteht er es geschickt, einiges für sich abzuzweigen. Alle Versuche, ihm zu helfen – selbst teure Medikamente und Entziehungskuren – hatten keinen Erfolg. Im Gegenteil: Es ist eher schlimmer mit ihm geworden.
Mein Leben an seiner Seite versinkt in Kummer und Eintönigkeit – und dabei möchte ich so gern etwas aus meinem Leben machen ehe es zu spät ist. Wenn es auch heißt: ‚Einer trage des anderen Last', so kann ich mir nach diesen vielen Jahren des Mittragens einfach nicht vorstellen, wie es weitergehen soll und worin der Sinn unseres Zusammenlebens überhaupt noch liegt. Ich möchte endlich Gutes bewirken, das auch fruchtet und woran ich Freude habe. Nach Sorglosigkeit und dieser Lebensfreude sehne ich mich so sehr."

In unseren Gesprächen hatte ich durchgehend das Gefühl, der Frau Mut machen zu müssen, bei ihrem Mann zu bleiben und ihn auch innerlich nicht zu verlassen. Ich wies sie auf ein Später hin – und meinte damit die kommende Welt –, und berichtete ihr von einer Zeit, in der sie sich einmal sehr wohl fühlen wird. Sie konnte all dem folgen, und eine neue Hoffnung erfüllte sie. Ereignisse in schneller Folge traten jedoch ein, durch die diese Frau bis zum Äußersten gefordert wurde.
„Da mein Mann überhaupt keine Beschwerden hatte, fand der Internist bei einer Routine-Untersuchung nur zufällig auffällige Leberwerte im Blut. Es zeigte sich eine chronische Leberkrankheit, die durch den ständigen Alkoholmissbrauch zu einer Leberzirrhose geführt hatte. Wenn er rechtzeitig aufgehört hätte zu trinken, hätte sich das Fortschreiten der unweigerlich zum Tod führenden Zirrhose aufhalten lassen."
Kurz nach ihrem letzten Besuch bei mir bekam ich eine Todesanzeige und erfuhr, dass ihr Mann kurz darauf verstorben war.

Ein Zuchtloser ist der Wein, ein Lärmer das Bier;
wer sich hierin verfehlt, wird nie weise.
(Sprichwörter 20,1)

Wir sollen nicht mehr unmündige Kinder sein, ein Spiel der Wellen, geschaukelt und getrieben von jedem Widerstreit der Lehrmeinungen, im Würfelspiel der Menschen, in Verschlagenheit, die in die Irre führt. Wir aber wollen, von der Liebe geleitet, die Wahrheit bezeugen und in allem auf ihn hin wachsen. Er, Christus, ist das Haupt.
(Epheserbrief 4,14–15)

Füreinander da sein

Eine Tochter bedeutet für den Vater insgeheim Schlaflosigkeit,
die Sorge um sie raubt den Schlaf:
in ihrer Jugend, dass sie nicht verblüht,
bei ihrem Zusammensein mit einem Mann,
dass sie nicht untreu wird,
und im Zusammenleben, dass sie nicht unfruchtbar ist.
(Jesus Sirach 42,9a.10b)

„Meine Freundin und ich leben schon einige Jahre zusammen. Das Thema ‚Heirat' wird nicht nur von ihr, sondern auch von unseren Eltern immer wieder angesprochen. Besonders der Vater meiner Freundin ist um sie besorgt und möchte, wie er es in seiner Familie gewohnt ist, Sicherheit und eine klare Zukunftsperspektive. Ich dagegen will mich einfach nicht festlegen und zwingen lassen, denn ich fühle mich überfordert, wenn so viele von der Familie auf mich einreden. Meine Freundin und ich verstehen uns gut, sind beide berufstätig, haben die gleichen Interessen und sind immer füreinander da. Was will ich mehr? Durch unsere Einkommen decken wir nicht nur die anfallenden Lebenskosten, sondern können uns noch zusätzlich zweimal im Jahr einen Urlaub leisten. Was will sie mehr?
Wenn ich so von meiner Freundin spreche, tue ich ihr Unrecht, denn sie wollte und will etwas ganz anderes – im Gegensatz zu mir. Da ich mit dem, was wir haben und uns leisten können, voll und ganz zufrieden bin, glaubte ich, sie sei es auch. Da ich von mir aus niemals über eine Ehe zwischen uns und eine zukünftige Familie spreche und diesbezügliche Gespräche, die von meiner Freundin ausgehen, ablehne, ist mir ihr starker Wunsch nach

einem Kind bisher nicht aufgefallen. Ja, wir haben inzwischen ein Kind bekommen. Selbstverständlich habe ich – wie sie – vollkommen Ja dazu gesagt und dem Ereignis anfangs sogar freudig entgegengesehen.
Unser Sohn ist jetzt sieben Monate alt – und auch weiterhin dreht sich bei der Mutter alles nur um das Kind. Das, was ich eigentlich nicht so früh wollte, ist vorzeitig eingetreten. Ich fühle mich nicht nur total überfordert, sondern, und das ist noch viel schlimmer für mich, auch überflüssig. Anerkennung finde ich eher in meinem Beruf als zu Hause von meiner Familie. Unser Kind steht an erster Stelle, und seine Mutter reagiert Tag und Nacht auf die leiseste Regung und tut alles, damit unser Sohn nichts entbehrt. Da ich in dem so engen Verhältnis zwischen Mutter und Sohn absolut keinen Platz mehr für mich sehe, ist bei mir ein großes Vakuum eingetreten, vor dem ich Angst habe. Das Schreien des Säuglings und die Mutter-Kind-Beziehung gehen mir allmählich derart auf die Nerven, dass ich ernsthaft überlege, auszuziehen."

Mein Vater! Der Freund meiner Jugend bist du. Wird er ewig zürnen oder immerfort nachtragen?
(Jeremia 3,4b-5a)

Sich nicht verlieren

Sie stieg mit ihm in die Grube hinab und verließ ihn während seiner Gefangenschaft nicht.
(Weisheit 10,14a)

„Wir haben zum Glück keine Kinder, denn sonst würde ich diese Überlegungen nicht anstellen und Sie nicht um Rat fragen", sagte meine Augenärztin, bei der ich regelmäßig meine Augen untersuchen und die Stärke meiner Brillengläser überprüfen lasse. Dieses Mal hatte sie mich als letzten Patienten bestellt, sodass wir Zeit hatten, miteinander zu reden. „Wir sind seit drei Jahren verheiratet und mein Mann ist ebenso Arzt und arbeitet in der Universitätsklinik. Es war unser gemeinsamer Wunsch, keine Praxis zusammen zu führen. Ich teile mir die Praxis, wie Sie ja wissen, mit einem Kollegen. Diese Regelung ist optimal, da wir uns gegenseitig vertreten können, ohne dass die Praxis und das Privatleben darunter leiden. Ich liebe meinen Beruf, freue mich jedoch auch täglich auf mein Zuhause, besonders auf das Zusammensein mit meinem Mann.
Die Freude, am Abend meinen Mann wiederzusehen, besteht allerdings nicht mehr und ist eher in das Gegenteil umgeschlagen. In letzter Zeit ist er sehr verschlossen und eigenwillig. Es gelingt mir nicht, ihn zu erreichen – weder durch Worte, ein gutes Essen noch durch Zärtlichkeiten. Von seiner Mutter hörte ich, dass sein verstorbener Vater, den ich nicht gekannt habe, mit zunehmendem Alter auch diese sonderbaren Verhaltensweisen zeigte. Wenn ich mir nun vorstelle, Karl würde sich auf Dauer noch mehr verschließen und noch stärker sein Eigenleben führen, halte ich unsere Ehe nicht länger aus. Nüchtern betrachtet gehen wir be-

reits heute getrennte Wege, leben aneinander vorbei und weichen uns gegenseitig sogar aus.

Wenn er erschöpft von seinem unregelmäßigen und wahrhaft anstrengenden Klinikdienst nach Hause kommt, geht er meist an den Computer und beschäftigt sich mit ihm stundenlang. Selbst wenn ich zum Essen rufe, will er nicht gestört werden. Übermüdet geht er dann ins Bett, ohne ein vernünftiges Wort mit mir geredet zu haben. Und dabei hätten wir uns so viel zu sagen – allein die Grenzfälle, die wir täglich in unseren Berufen erleben, sind so wichtig, dass sie durch Gespräche aufgearbeitet werden müssten. Aber nichts dergleichen findet statt.

In diesem Rhythmus leben wir nun schon einige Monate, und wir entfremden uns mehr und mehr. Einen äußeren Anlass sehe ich nicht, und es ist nicht möglich, mit ihm über seine inneren Zustände, Befindlichkeiten und Veränderungen und auch nicht über unsere Ehe zu reden, die so wunderbar begonnen hat. Wie soll das weitergehen? Allmählich kann ich es nicht mehr ertragen; ich möchte ausbrechen, weiß aber nicht wie, denn ich möchte meinem Mann, den ich auch jetzt noch wahrhaft liebe, nicht weh tun."

Liebe Leserin und lieber Leser, haben Sie selbst schon einmal erlebt, dass Ihr Partner sich von Ihnen abkapselt und sich völlig in sich zurückzieht? Wie sind Sie damit umgegangen? Wenn Sie diesen Zustand nicht kennen: Wie würden Sie handeln?

Den Verheirateten gebiete nicht ich, sondern der Herr: Die Frau soll sich vom Mann nicht trennen – wenn sie sich aber trennt, so bleibe sie unverheiratet oder versöhne sich wieder mit dem Mann – und der Mann darf die Frau nicht verstoßen.

(1. Korintherbrief 7,10–11)

Zuhören können

Alles hat seine Stunde. Für jedes Geschehen unter dem Himmel gibt es eine bestimmte Zeit: eine Zeit zum Schweigen und eine Zeit zum Reden.
(Kohelet 3,1.7b)

Woran mag es liegen, dass der Wunsch eines Vertreters nach einer dauerhaften Beziehung nicht erfüllt wird? „Früher war es mir unverständlich, wie jemand eine Heiratsanzeige aufgeben konnte. Ich gebe zu, dass ich sie wiederholt und gern gelesen habe. Nicht selten musste ich schallend über den Anzeigentext lachen. Heute jedoch denke ich ganz anders darüber. Schon seit Jahren ist es mein tiefer Wunsch, eine dauerhafte Beziehung zu einer Frau aufzubauen, um sie später auch zu heiraten. Ich bin Vertreter von Beruf und komme täglich mit vielen Menschen in Kontakt – vornehmlich mit Frauen. Das Unternehmen, das ich vertrete, produziert hochwertiges Kochgeschirr. Mein Einkommen ist hervorragend, ich fahre einen Firmenwagen und habe darüber hinaus noch etliche private Vergünstigungen.
Mein großer Wunsch besteht darin, eine Familie zu gründen, um dann auch endlich ein festes Zuhause zu haben. Ich muss sagen, dass ich sehr viele nette jüngere Frauen kenne, von denen ich mir durchaus vorstellen könnte, dass sie zu mir passen. Auch habe ich auf mehrere Heiratsanzeigen Zuschriften von ‚passenden' Frauen bekommen. Das Sonderbare bei mir ist, dass alle Kontakte, die ich knüpfe, nur von kurzer Dauer sind. Jede Bekanntschaft – und mag sie noch so vielversprechend sein – verläuft bereits nach wenigen Treffen wieder im Sande. Ich denke, dass ich ein gepflegtes Äußeres habe und recht rede-

gewandt bin – schließlich legt auch mein Unternehmen hierauf größten Wert.
Ich verstehe es einfach nicht, warum ich in meinem Privatleben keinen Erfolg habe und sich alle Menschen nach kurzer Zeit wieder von mir zurückziehen. Ich halte mich für jemanden, der offen ist und alles von sich erzählt. Mein Gegenüber soll doch wissen, wer ich bin und wie ich denke und fühle. Ich schenke einer neuen Bekanntschaft gleich viel Vertrauen und Entgegenkommen, indem ich aus meinem Leben berichte und mein Herz öffne. Ich finde es schlimm, einem anderen etwas zu verschweigen – besonders in meinem Fall, wo ich doch Absichten hege."
Wenn es für mich nicht so anstrengend gewesen wäre, hätte ich in diesem Monolog, der noch endlos weiterging, gern einmal gezählt, wie oft der Vertreter das Wort „Ich" gebrauchte. Ich glaube – und das wird noch durch seinen Beruf unterstützt –, dass er niemals gelernt hat, zuzuhören oder gar zu schweigen, dass er es nicht versteht, seinem Gegenüber Raum zum „Atmen" zu schaffen, geschweige denn zum Leben an seiner Seite. Auch in unserem Gespräch war er nicht bereit, mir zuzuhören oder einen Rat anzunehmen. Als der Vertreter ging, bedanke er sich vielmals bei mir dafür, dass ich ihm so viel Zeit schenkte. Er fügte noch hinzu, dass ihm das „Gespräch" mit mir sehr gut getan habe ...

Schweig still, damit ich dich Weisheit lehre!
(Ijob 33,33b)

Belehrt mich, so werde ich schweigen,
worin ich fehlte, macht mir klar!
(Ijob 6,24)

Rede, junger Mann, wenn es nötig ist,
aber höchstens zweimal, wenn du gefragt wirst!
Fasse mit wenigen Worten vieles zusammen!
Sei wie ein Wissender, der zugleich schweigen kann!
(Jesus Sirach 32,7–8)

Halte mich nicht fest

Halte mich nicht fest; denn ich bin noch nicht zum Vater hinaufgegangen. Geh aber zu meinen Brüdern und sag ihnen: Ich gehe hinauf zu meinem Vater und zu eurem Vater, zu meinem Gott und eurem Gott.
(Johannes 20,17)

Als ich Kooperator (Kaplan) in der italienischen Diözese Bozen-Brixen war, fuhr ich häufig mit dem Romexpress nach Deutschland, um meine Mutter zu besuchen. Wenn der Zug nicht in Brixen hielt, stieg ich in Bozen ein. So, wie ich gekleidet war, verlief auch die Fahrt – ich meine damit die Begegnungen im Romexpress. Trug ich eine Cordhose, Pullover und Jacke, galt ich als unauffällig Reisender, der mit Lesen und Schlafen – also ganz für sich selbst – die Zeit verbrachte. Reiste ich allerdings in meinem schwarzen Anzug und war durch Kreuz und Kollar als Priester zu erkennen, wurde ich auf jeder Fahrt mehrmals angesprochen und in die verschiedensten Gespräche verwickelt. Obgleich das Kirchenrecht individuellen Spielraum in Bezug auf die Frage nach dem Tragen klerikaler Kleidung zulässt, sah ich mehr und mehr ein, wie wichtig es für viele Menschen ist, auch im alltäglichen Geschehen einen Priester erkennen zu können.
Einmal sprach mich im Romexpress – schon gleich, nachdem ich eingestiegen war – eine Dame an, deren Mann beim Skilaufen einen Herzinfarkt mit tödlichem Ausgang erlitten hatte. Sie war mittleren Alters und außer sich vor Trauer. Ich spürte, wie wichtig es für sie war, mit einem Priester ausführlich über alles, was sie bewegte, zu sprechen. Wir hatten auf der langen Fahrt das Glück, ein Abteil für uns allein zu haben. Obgleich der Zug gut

besetzt war, kam niemand in unser Abteil. Das Ehepaar aus dem Ruhrgebiet hatte sich schon lange darauf gefreut, Winterurlaub in den Dolomiten zu machen, und zwar auf der größten Hochalm Europas, der Seiser Alm, unterhalb des Schlern in Südtirol. In den letzten Tagen, kurz vor ihrer Abreise, geschah das Unglück. Man hatte den Ehemann noch ins Krankenhaus nach Bozen gebracht, doch jegliche ärztliche Hilfe kam zu spät.

Während die Ehefrau jetzt mit dem Zug nach Hause fuhr, wurde ihr Mann von einem südtiroler Bestatter übergeführt. Sie zeigte Vertrauen zu mir; und manchmal ergriff sie im Gespräch verzweifelt meine Hand und hielt sie fest. Das Geschehene schien ihr immer noch unfassbar und nicht Wirklichkeit zu sein.

In unserem stundenlangen Gespräch, das vornehmlich um sie selbst, ihre Verlassenheit, ihr Anklammern an ihren Mann und ihre derzeitigen Gefühle ging, hatte ich alle Mühe, nach dem Verstorbenen zu fragen und von ihr Antworten zu bekommen. Es war mir vorerst nicht möglich, mit ihr gemeinsam für ihren Mann zu beten, der genau wie wir in die gleiche Richtung unterwegs war. Ich habe sie all das ausreden lassen, was sich bei ihr an innerer Not aufgestaut hatte. Nicht zuletzt offenbarte sich eine Wut, die sich auch auf Gott richtete, und ein Unverständnis darüber, dass er das Liebste, das sie besaß, so jäh von ihr gerissen hatte. Mit aller Kraft hielt sie sich an ihrem Mann fest, nicht bereit, ihn in Freiheit gehen zu lassen und Gnade für seine Reise zu erbitten. Auf wiederholte Ansätze von mir, einmal in diese Richtung zu denken und zu fühlen, reagierte sie überhaupt nicht – ja, sie sagte zwischendurch mehrmals: „Wie konntest du mir das antun?"

Stunden vergingen, in denen sie ihr Leid, ihre Trauer, aber auch ihre Auflehnung gegen den plötzlichen Tod ihres Mannes ausdrücken konnte. Es war gut so, denn jetzt war sie ruhiger und vielleicht offen für ein paar Worte zu ihrem Mann, über den ich

gern schon eher gesprochen hätte. Ich spürte noch deutlicher, wie sie ihn mit aller Gewalt festhielt und ihn sich zurück in dieses Leben wünschte. Bei vielen meiner Worte zur Befindlichkeit ihres Mannes spürte ich, dass sie an ihr abglitten. Daher betete ich zwischendurch leise um eine Eingebung, wie ich der Frau helfen könnte. Wir schwiegen miteinander und sie weinte. Dann sprach ich in diese Stille ein Gebet für ihren Mann. Das muss ihr fremd gewesen sein, denn sie horchte auf und ich hatte den Eindruck, dass sie endlich spürte, was in der augenblicklichen Situation von Nöten war. Es ging jetzt vornehmlich um die Seele ihres Mannes, die so plötzlich und unerwartet aus seinem Körper gerissen wurde und die der besonders liebevollen Zuwendung bedurfte.
Unser Gespräch entwickelte sich zu einem wahren Dialog, den wir durch gemeinsames Beten für ihren Mann immer wieder unterbrachen. Ich glaube, dass ich ihr auf der Grundlage meiner Erfahrungen mit der Sterbebegleitung ein wenig helfen konnte, ihren Schmerz auszudrücken, sich dann aber mehr und mehr auf den Verstorbenen auszurichten. Als sich unsere Wege trennten, verabschiedeten wir uns und ich hatte das Gefühl, dass diese Frau etwas mehr von sich selbst absehen konnte und ihr Blick und ihr Herz nicht mehr ausschließlich festhaltend auf ihren Mann gerichtet waren, sondern auch liebend und freigebend. Ganz besonders bedankte sie sich für den Hinweis auf Maria von Magdala, die voll Trauer ihren Herrn suchte und von ihm das Wort hörte: Halte mich nicht fest; denn ich bin noch nicht zum Vater hinaufgegangen (Johannes 20,17a).

Sein Leib fühlt nur die eigenen Schmerzen,
seine Seele trauert nur um sich selbst.
(Ijob 14,22)

Selig die Trauernden; denn sie werden getröstet werden.
(Matthäus 5,4)

Brüder und Schwestern, wir wollen euch über die Entschlafenen nicht in Unkenntnis lassen, damit ihr nicht trauert wie die anderen, die keine Hoffnung haben.
(1. Thessalonicherbrief 4,13)

Vom ICH zum DU

Kommunikation

Ich bin mit dir, niemand wird dir etwas antun.

(Apostelgeschichte 18,10)

Aus-gehen

Stirbt der Vater, ist es, als wäre er nicht tot, denn er hat einen, der ihm ähnlich ist, zurückgelassen.
(Jesus Sirach 30,4)

Als Kind habe ich meinen Vater sehr vermisst, denn er kam erst aus der russischen Gefangenschaft zurück, als ich schon sieben Jahre alt war. Es dauerte dann einige Zeit, bis wir uns immer mehr anfreundeten. Vater muss gespürt haben, wie sehr ich ihn als Jugendlicher in meinen kritischen Jahren brauchte. Gerade in dieser Zeit fühlte ich mich stark von ihm angezogen, andererseits aber auch wieder abgestoßen. Doch freute ich mich riesig und fühlte mich angehoben, wenn er mich fragte, ob ich mit ihm allein eine Wanderung unternehmen möchte. Wir gingen schnellen Schrittes nebeneinander her und keiner von uns sprach. Es war mir besonders angenehm, dass wir uns beim Gehen nicht ständig in die Augen sahen.
Dann begann Vater, mit seiner ruhigen und lieben Stimme mir den Unterschied zwischen Mann und Frau zu erklären. In der Schule wurde damals noch kein Sexualunterricht angeboten. Ich hatte zwar einiges von Mitschülern gehört, es aber wohl nicht richtig verstanden, weil ich in vielem noch zu jung und unerfahren war. Doch jetzt war es Vater an meiner Seite, der mich einführte in die Geschlechtlichkeit des Menschen und in das Geheimnis neuen Lebens. Manchmal, wenn es um mich selbst ging, machten mich seine Worte verlegen und ich war froh, im Gehen die Natur um mich herum zu erleben und den Blick nach vorn gerichtet zu haben.
Wenn es später in meinem Berufsleben um kritische Themen ging, versuchte ich immer, das Gespräch mit einem Spaziergang zu

verbinden. Ein mir gut bekannter Priester, der gern kocht, nimmt den Gesprächspartner mit in seine Küche. Während er dann die Mahlzeit bereitet und beim gemeinsamen Essen unterhalten sie sich. Mir liegt so etwas nicht – ganz abgesehen davon, dass unter diesen Umständen jegliche Kochkunst bei mir versagen würde.
Regelmäßig – fast alle drei Monate – rief mich mein Bischof Dr. Josef Homeyer zu einem persönlichen Gespräch. Wie freute ich mich, als er beim ersten Mal fragte, ob wir in dieser Stunde spazieren gehen könnten. Im Gehen und Fortschreiten Anstehendes zu besprechen, vermittelte mir Freiheit und stärkte mein Selbstbewusstsein. Erleichtert und gelöst, mit neuen Schwerpunkten und Zielen vor Augen, verabschiedete ich mich von ihm, als wir wieder am Bischofshaus in Hildesheim angekommen waren.
Vater und der Bischof waren wichtige Personen in meinem Leben. Während der Spaziergänge kamen wir uns innerlich am nächsten. Und beide verstanden es, im Gehen ein Fundament in mir zu festigen. Wenn es eben möglich ist, das heißt, mein Besuch ist einverstanden und das Wetter lässt es zu, unternehmen wir einen Spaziergang, um dann anschließend unter vier Augen noch einmal zu Hause alles zusammenzufassen. Es ist jedes Mal ein Geschenk für mich, wenn ich auf dieser Grundlage den Segen oder gar das Sakrament der Versöhnung spenden darf.

Höre, mein Sohn, auf die Mahnung des Vaters.
(Sprichwörter 1,8a)

Wer den Vater ehrt, sühnt Sünden. Wer den Vater ehrt, wird Freude haben an den Kindern und am Tag seines Gebets wird er erhört. Wer den Vater ehrt, wird lange leben. In Tat und Wort ehre deinen Vater, damit sein Segen über dich kommt.
(Jesus Sirach 3,3.5-6a.8)

Eindrücke ausdrücken

Versehentliche Fehler, wer nimmt sie wahr?
Sprich mich frei von verborgenen Sünden!
(Psalm 19,13)

Als junger Mensch fiel es mir äußerst schwer, über bestimmte Lebensfragen und Situationen mit anderen zu sprechen und mir bei ihnen Rat zu holen. Ich habe darunter gelitten, da ich vieles verdrängte, das dann zu einer immer größer werdenden Last wurde. Bestimmte persönliche Dinge konnte ich einfach meinen Eltern nicht anvertrauen, und in der Beichte fiel es mir oft noch schwerer, etwas darüber zu sagen. Vom Kopf her war es mir klar, wie befreiend es ist, Eindrücke sich lösen zu lassen, indem ich sie ausspreche. Das Wort „Lossprechung" hat einen guten Klang und verspricht Erlösung von allem Unguten und Schattenhaften. Obwohl ich die inneren und auch gnadenhaften Zusammenhänge längst begriffen hatte, brachte ich es kaum fertig, mich zu öffnen. Die Introvertiertheit führte so weit, dass ich unter den heftigsten Kopfschmerzen litt. Ein Vetter von mir war Apotheker, und von ihm bekam ich ein Pulver, das sich bereits mein Vater von ihm zusammenstellen ließ. Ich schloss mich für Stunden in einen dunklen Raum ein, und wenn ich Glück hatte, wirkte dieses Mittel.
Erst Jahrzehnte später, nachdem ich eine wunderbare Gebetsweise erlernt hatte, das Ruhegebet, das in ein lebendiges Schweigen vor Gott führt, begannen sich ganz von selbst die inneren Verkrampfungen allmählich zu lösen. Der zum Teil blockierte Weg wurde mehr und mehr von Hindernissen befreit, sodass sich sogar die Zunge löste und ich bisher Unaussprechliches auszusprechen begann. Damit verband sich die wunderbare Erlösung

von meinen Kopfschmerzen, und ich spürte, dass jemand dieses schwere Kreuz von meinen Schultern genommen hatte. Aus Liebe zum Ruhegebet, das mir nicht nur eine größere innere Freiheit schenkte, sondern auch die Gabe des freien Redens und vor allem einen tieferen Glauben und einen lebendigen Zugang zur heiligen Eucharistie, entschloss ich mich, neben meinen allgemeinen priesterlichen Aufgaben auch das Ruhegebet zu verbreiten. Ich bin sicher: Nicht alle Schmerzen werden durch das Praktizieren des Ruhegebetes aufgehoben, doch dürfen wir erwarten, dass sich sowohl körperliche als auch seelische Verkrampfungen lösen und die damit verbundenen Schmerzen aufhören.
Inzwischen durfte ich vielen Menschen auf ihrem geistlichen Weg diese Hilfe anbieten und oftmals eine wunderbare Wandlung bei ihnen erleben. Das Hineinwachsen in einen tieferen Glauben, der lebenswahrhaftig bezeugt wurde, bedeutet für mich das größte Geschenk.
Ein wunderbares Wort des Weisheitslehrers Jesus Sirach begleitet mich schon seit Langem und möchte allen, die das Leben vielleicht sprachlos gemacht hat, Rat geben:

Doch harre aus bei einem frommen Mann, von dem du weißt,
dass er die Gebote hält und in seiner Seele deiner Seele entspricht
und mit dir leidet, wenn du strauchelst!
Der Anfang jeden Werkes ist das Wort und vor jedem Tun steht der Rat.
Eine Spur der Veränderung zeigt das Herz.
(Jesus Sirach 37,12.16–17)

Tod und Leben stehen in der Macht der Zunge;
wer sie liebt, genießt ihre Frucht.
(Sprichwörter 18,21)

Kritik annehmen

Der Tor zeigt sogleich seinen Ärger,
klug ist, wer Schimpfworte einsteckt.
Wer Wahrheit spricht, sagt aus, was recht ist,
der falsche Zeuge aber betrügt.
Mancher Leute Gerede verletzt wie Schwertstiche,
die Zunge der Weisen bringt Heilung.
(Sprichwörter 12,16–18)

„Soweit ich zurückdenken kann, hat mir Kritik immer recht weh getan. Später habe ich viel über mich nachgedacht und mit anderen Menschen darüber gesprochen, um herauszufinden, warum Kritik mich so verwundbar macht und verletzt. Eine Antwort auf diese Frage und einen Weg, um besser mit Kritik umgehen zu können, habe ich bisher nicht gefunden. Mein Beruf, aber auch mein Privatleben, werden immer wieder durch Bewertungen und Beurteilungen bestimmt. Meine Frau und meine Kinder wissen um diesen Schwachpunkt bei mir, und trotzdem oder gerade deshalb schlagen sie bei Auseinandersetzungen gern in diese Kerbe. Konstruktive Kritik in unserem Unternehmen bejahe und unterstütze ich selbstverständlich, um Veränderungsprozesse und Fortschritte zu erzielen. Wenn jedoch kritische Töne über meine Person laut werden, werde ich unsicher und fühle mich gekränkt. Die Folge ist, dass ich sofort eine ablehnende Haltung einnehme, mich zurückziehe und nicht mehr bereit bin, kooperativ zu arbeiten. Gezielt gegen mich gerichtete Bemerkungen treffen mich wie eine Anklage und wirken sich äußerst belastend aus. Ich benötige Stunden, wenn nicht gar Tage, sie zu verarbeiten und loszuwerden.

Warum ist es so wenig möglich, sich gegenseitig anzunehmen und den anderen zu akzeptieren, wie er ist? Genügt es nicht, wenn ich mir gegenüber eine ehrliche und kritische Haltung einnehme, an mir arbeite und versuche, inneren Frieden und Ausgeglichenheit mit mir und meiner Umwelt anzustreben? Ich habe mich auch gefragt, ob ich mich für mehr halte, als ich in Wirklichkeit bin, und meine Verwundbarkeit daher kommt. Bin ich vielleicht somit für andere eine Herausforderung oder Konkurrenz, die ihnen das Gefühl gibt, übergangen zu werden?"
Wir haben lange und wiederholt miteinander gesprochen und nach Ursachen und Gründen gesucht, die bei Kritik zur Verhärtung und Ablehnung führen. Selbstkritik führt durchaus zu Verbesserungen, aber Fremdkritik stellt in diesem Fall die gesamte Persönlichkeit infrage. Fast nebenbei und zufällig erfuhr ich im Gespräch, dass dieser Mann ein ungewolltes Kind war, das seine Mutter mit in die Ehe brachte und niemals von seinem neuen Vater richtig anerkannt wurde. Am Ende unseres letzten Treffens musste ich von einem ganz besonderen Mann erzählen, der mich einmal sehr beeindruckte.
Dieser Mann freute sich jedes Mal, wenn er von anderen scharf kritisiert, geschmäht oder gar verlacht wurde. Er sagte sich: „Das sind die Leute, die mir Gelegenheit zur Vervollkommnung geben. Diejenigen jedoch, die mich ständig loben, verwirren meine Seele. Die mich selig preisen, betrügen mich."

Siehe, auch die Schiffe: Sie sind groß und werden von starken Winden getrieben und doch lenkt sie der Steuermann mit einem sehr kleinen Steuer, wohin er will. So ist auch die Zunge nur ein kleines Körperglied und rühmt sich großer Dinge. Aus ein und demselben Mund kommen Segen und Fluch.

(Jakobusbrief 3,4–5a.10a)

Besser ein Ausgleiten auf dem Boden als mit der Zunge;
so schnell kommt der Sturz der Bösen.
(Jesus Sirach 20,18)

Der Anfang jeden Werkes ist das Wort
und vor jedem Tun steht der Rat.
Eine Spur der Veränderung zeigt das Herz;
vier Teile sprossen daraus hervor:
Gutes und Böses, Leben und Tod,
doch Gewalt über sie hat dauernd die Zunge.
(Jesus Sirach 37,16–18)

Ehrlich sein

Es gibt aber eine Klugheit, die Bitterkeit vermehrt.
(Jesus Sirach 21,12b)

„Wir waren drei Mädchen und unsere Familie lebte in Melle bei Osnabrück. Meine ältere Schwester ging mit ihrem Mann nach Amerika, ich nahm eine Stelle in Rheine an und heiratete dort, meine zehn Jahre jüngere Schwester blieb in Melle und gründete dort zusammen mit ihrem Mann eine Buchhandlung.
Da sie auch Zeitungen und Zeitschriften führten, musste einer von beiden morgens schon sehr früh zur Stelle sein, um die Anlieferungen anzunehmen. Gleichzeitig mussten die nicht verkauften Exemplare vom Vortag oder der vergangenen Woche zurückgegeben werden. Beide – meine Schwester und ihr Mann – hatten sich ein Führen der Buchhandlung leichter vorgestellt. Im Gegensatz zu früheren Jahren war der Buchmarkt im Umsatz sehr zurückgegangen; auch Bestseller, Kriminalromane und Frauen-Literatur wie auch Schulbücher hatten nicht das eingebracht, was sie erwarteten. Vielleicht wäre es klug gewesen, Büro- und Computermaterial mit aufzunehmen. Doch als ausgebildete Buchhändler waren beide zu stolz, neue gewinnbringende Artikel zusätzlich zu den Büchern und Zeitschriften aufzunehmen.
Aus Enttäuschung und Hilflosigkeit begann mein Schwager zu trinken. Er besuchte schließlich jeden Abend die Bar eines nahegelegenen Hotels. Im Geschäft fiel er mehr und mehr aus, sodass eines Tages alles auf den Schultern meiner Schwester ruhte. Je mehr sie ihm Vorwürfe machte, umso mehr trank er. Um die so liebevoll aufgebaute und geführte Buchhandlung zu retten, sperrte meine Schwester ihrem Mann den Zugang zur

Kasse und zu den Konten. Es müssen schreckliche Szenen zwischen beiden abgelaufen sein, wenn mein Schwager sie mit Gewalt dazu zwang, ihm Geld zu geben. Als das Zerwürfnis nach außen drang, kamen weniger Kunden und der Umsatz brach ein. Allein war meine Schwester nicht in der Lage, durch noch mehr Arbeit die Defizite aufzufangen. Es zeigten sich erste Schulden, die recht bald schon zu größeren Schulden wurden, und der Teufelskreis begann.

Eines Tages besuchte mich meine Schwester und bat unter Tränen um finanzielle Hilfe zur Rettung der Buchhandlung. Sie ahnte oder wusste es sogar, dass ich ein nicht geringes Sparguthaben besaß. Ich sagte ihr jedoch – und das fiel mir schwer genug –, dass ich kein Geld zur Verfügung hätte und ich ihr somit auch nicht helfen könne. Überaus traurig und sehr enttäuscht fuhr meine Schwester nach Melle zurück. Einige Monate später wurde das Insolvenzverfahren eingeleitet. Die Folgen waren und sind für alle Beteiligten bis heute verheerend.

Durch eine finanzielle Hilfe jedoch hätte meine Schwester gespürt, dass ich auch in Krisenzeiten zu ihr stehe und ihr soweit helfe, wie es mir eben möglich ist. Ich mache mir Vorwürfe, denn es steht ganz klar fest: Ich habe meiner Schwester eine finanzielle Hilfe verweigert – und dies mit einer Lüge. Auf der anderen Seite wäre ein Darlehn von mir in der Gesamtmasse der angewachsenen Schulden bestimmt sofort untergegangen. Kann ich es vertreten, die Unwahrheit gesagt zu haben, um einen größeren Schaden und Verlust auch für mich abzuwenden?"

Wer Erbarmen hat, borgt dem Nächsten,
und wer dessen Hand unterstützt, beachtet die Gebote.
Viele sind nicht aus Bosheit zurückhaltend,
sie haben Angst, ohne Grund beraubt zu werden.

Setz dein Silber ein für den Bruder und Freund,
lass es nicht rosten unter dem Stein, bis es vernichtet ist!
(Jesus Sirach 29,1.7.10)

Verständnis üben

Jeder Mensch sei schnell zum Hören, langsam zum Reden, langsam zum Zorn; denn der Zorn eines Mannes schafft keine Gerechtigkeit vor Gott.
(Jakobusbrief 1,19b–20)

Nach meiner Pensionierung wurde mir ein lang ersehnter Wunsch erfüllt. Nach langem Suchen fand ich in einer Bauerschaft im Stevertal eine Wohnung – weit ab von der Straße und allem Lärm. Als ich einzog, machte ich bei allen Nachbarn einen Besuch, um mich vorzustellen. Ich war glücklich und dankbar, dass ich hier draußen inmitten der Wiesen und Felder nach all den vielen Umzügen in meinem Leben in wunderbarer Ruhe wohnen durfte. Die langen Spaziergänge direkt vom Haus aus genoss ich sehr – und natürlich in besonderer Weise mein Hund Kino. Ein Hindernis zeigte sich jedoch, von dem ich nicht wusste, wie ich es überwinden konnte.
Um eine etwas längere Wanderung zu unternehmen, musste ich unweigerlich am Hof eines benachbarten Landwirtes vorbeigehen, der jedes Mal, wenn er Kino und mich sah, auf uns zukam, um mit mir zu sprechen. Und das nahm kein Ende ...
Er wusste alles, jede Kleinigkeit, und sprach von vielen Dingen in unserer Umgebung und über jeden. Wenn er wenigstens ‚von' den anderen gesprochen hätte, statt ‚über' sie. All meine Versuche und Anstrengungen schnell weiterzugehen, überhörte er und sprach umso engagierter weiter. Wenn man ihn reden hörte, entstand der Eindruck, dass er etwas ganz Wichtiges zu berichten hatte. Anfangs waren viele Dinge, von denen er sprach, recht interessant und lehrreich für mich, da es sich um Landwirtschaftliches handelte. Da er jedoch immer bis ins Detail ging und mir

niemals eine Frage stellte, wurde allmählich die Begegnung mit ihm zur Belastung. All meine Versuche, ihm geschickt aus dem Weg zu gehen, misslangen.
Er war ein ganz lieber Mensch, hilfsbereit und freundlich, im Reden über andere kannte er jedoch keine Grenzen. Wenn ich ihn traf – und das geschah fast täglich –, überschüttete er mich derart mit seinem Redeschwall, dass ich in der Regel kein einziges Wort an ihn richten konnte. Daher gelang es mir auch nicht, sein drastisches Reden über andere Menschen und insbesondere die Geschehnisse in der Nachbarschaft in positive Bahnen zu lenken. Wiederholte Bekundungen, dass ich es eilig habe, ignorierte er. Das stimmte ja auch nicht, wenn ich mir die Zeit nahm, spazieren zu gehen. Ihm eine Absage zu erteilen und mich von ihm innerlich zu distanzieren, wollte und mochte ich auch nicht.
Ich las einen treffenden Satz, der über jemanden geschrieben wurde, der alles herausschwätzte, was ihm in den Mund kam: ‚Sein Gehöft hat kein Tor, und jedermann kann in den Stall hineingehen und den Esel losbinden.'
Sie ertragen und leben konnte ich mit dieser Situation, da ich glaubte, die Gründe für dieses Verhalten erkannt zu haben: die Suche nach Beachtung.

Ein weiser Mensch wird schweigen bis zur rechten Zeit,
das Großmaul aber und der Dumme werden
die rechte Zeit außer Acht lassen.
Der Schwätzer wird verabscheut.
(Jesus Sirach 20,7–8a)

Darum schweigt in dieser Zeit, wer klug ist; denn es ist eine böse Zeit. Sucht das Gute, nicht das Böse; dann werdet ihr leben.
(Amos 5,13–14a)

Gutes reden

Bei vielem Reden bleibt die Sünde nicht aus,
wer seine Lippen zügelt, ist klug.
(Sprichwörter 10,19)

Nach mehr als dreißig Jahren Seelsorge fragte mich jemand, mit welchem Vergehen wohl die meisten Menschen zu kämpfen hätten. Am Beginn meines priesterlichen Dienstes hatte ich mir auch diese Frage gestellt und ging davon aus, dass es wohl Verstöße gegen das sechste Gebot seien. Die langjährige Gesprächs- und Beichterfahrung jedoch lehrte mich etwas ganz anderes, womit ich nicht gerechnet hatte.
Das schlechte Reden über andere, dem ein entsprechendes Denken vorausgeht, ist eine Untugend, die am meisten verbreitet ist, und unter der viele Menschen sehr leiden – sowohl diejenigen, die reden, als auch die, über die geredet wird. Jesus spricht eindringlich in der Bergpredigt, der Zusammenfassung des gesamten Evangeliums, von den Folgen, wenn jemand über einen anderen richtet (vgl. Matthäus 7,1–5). Diese Sünde, ja, man darf ein solches Verhalten so nennen, hat etwas mit der Ursünde des Menschen zu tun: sein wollen wie Gott, sich über andere erheben, es besser wissen als sie und über sie richten. Jesus weist uns bei diesem Vergehen an mehreren Stellen des Evangeliums gehörig zurecht. Wer sich allerdings nicht daran hält, zerstört seinen Lebensraum und sich selbst.
Wir sollten zwar nicht vor dem Unguten in einem Menschen die Augen verschließen, doch ist es besser, das Gute bei ihm an die erste Stelle zu setzen und durch eine helfende Unterstützung zu versuchen, das Gute in ihm zu vermehren. Denn das hat Bestand bis in Ewigkeit – im Gegensatz zu dem Unguten, das vergehen

oder gewandelt werden muss. Mit der Einstellung, das Gute in jedem Menschen zu unterstützen, arbeiten wir bereits intensiv am Erlösungswerk Jesu Christi.

Ein alter Einsiedler, geprägt durch Askese und Gebet, stand im Einklang mit sich und dem Schöpfer. Als er eines Tages einen Sünder sah, der zum Galgen geführt wurde, dachte er ganz ahnungslos bei sich: „Jetzt widerfährt diesem Recht." Allein schon dieser Gedanke von ihm brachte in die gesamte Atmosphäre eine derartige Störung, dass der Einsiedler in seiner Glaubensentwicklung zurückfiel und in großer äußerer und innerer Armut – was für ihn weitaus schlimmer war – sein Leben fristen musste. Ganz am Ende seines Lebens wurde ihm jedoch Erlösung zuteil (vgl. Märchen der Brüder Grimm, Die drei grünen Zweige).

Ein großes Hindernis auf dem geistlichen Weg nach innen sind die vielen leeren und oft negativen Worte und die entsprechenden Gedankeninhalte. Ohne uns selbst und den anderen wirklich zu kennen, kommt es oft zu schnell und oberflächlich Dahergesagtem, das den anderen nicht nur verletzt, sondern ihn auch nach unten zieht – vom Licht ins Dunkel. Eines kommt noch hinzu: Wir selbst nehmen an dieser Gott abgewandten Bewegung teil.

Die Wertschätzung der guten Eigenschaften eines Menschen dagegen hebt ihn an und motiviert ihn, noch besser zu werden. In diese dem Licht zugewandte Bewegung sind dann auch wir mit einbezogen. Wie glücklich darf sich derjenige schätzen, der das Bedürfnis nicht in sich spürt, über andere schlecht zu reden oder sie gar zu beschimpfen.

Richtet nicht, damit ihr nicht gerichtet werdet! Denn wie ihr richtet, so werdet ihr gerichtet werden und nach dem Maß, mit dem ihr messt, werdet ihr gemessen werden.
(Matthäus 7,1–2)

Nicht das, was durch den Mund in den Menschen hineinkommt, macht ihn unrein, sondern was aus dem Mund des Menschen herauskommt, das macht ihn unrein.
(Matthäus 15,11)

Aus-sprechen

Der Herr aber sagte nachts in einer Vision zu Paulus:
Fürchte dich nicht! Rede nur, schweige nicht!
Denn ich bin mit dir, niemand wird dir etwas antun.
(Apostelgeschichte 18,9–10a)

Eine junge Frau berichtet in einem Gespräch von einer wesentlichen Erfahrung, die ihr bisher fremd war. Voll Dankbarkeit erzählt sie von ihrem Freund, der diese Entwicklung bei ihr in Gang setzte.

„Ich denke an meine Eltern zurück und bin ihnen für all das sehr dankbar, was sie für mich getan haben. Doch erst durch meinen Freund – wir werden in Kürze heiraten – ist mir ein Mangel bewusst geworden, der mein Leben bisher beeinträchtigte. Zu Hause hatte ich kaum die Möglichkeit, meine Gefühle und meine Gedanken kundzutun. Ich hörte auch meine Eltern niemals über persönliche Dinge oder gar Herzensangelegenheiten sprechen. Und da sie auch mich nicht nach meinen verborgenen Gedanken fragten, lernte ich es nie, mein Inneres lebenswahrhaftig auszudrücken. Dies war für mich immer dann besonders quälend und drückend, wenn ich mich verrannt hatte oder es sich um Fragen und Gefühle in Hinblick auf die Sexualität handelte.

Da wir uns als weltoffene Familie bezeichneten, sozial, politisch wie auch kirchlich engagiert waren, glaubte ich von mir, offen und frei zu sein. In der Schule ging es mehr um Leistungen als um gelebte und zum Ausdruck gebrachte Innerlichkeit. Ich fühlte mich innerlich oft an etwas ausgeliefert, das mich ganz einnahm und fesselte. Was habe ich anderes gelernt, als die quälenden und si-

cherlich schädlichen Gefühle und Gedanken mit ihrer suggestiven Kraft in meinem Herzen zu verheimlichen?
Erst durch meinen Freund lerne ich langsam, mich zu öffnen und meine versteckten Gedanken und verdrängten Gefühle auszusprechen. Er nimmt sich viel Zeit für mich, und wir sprechen miteinander über alles, was uns betrifft – vornehmlich aber über all das, was sich bei mir aufgestaut hat und in meinen jungen Jahren unausgesprochen blieb. Mit vielem konfrontiert mich mein Freund einfach, weil er weiß, dass ich mich dann äußern muss. Mit ihm etwas gemeinsam anzuschauen, tut mir außerordentlich gut und befreit mich. Seither mache ich weitere wunderbare Erfahrungen: Sobald ein Gedanke aus der Tiefe ans Licht kommen möchte, lasse ich ihn zu – gleich welcher Qualität. Ebenso verdränge ich bestimmte Gefühle nicht mehr, die offenbar werden möchten. Durch Verdrängtes und Unausgesprochenes hat sich bei mir eine starke negative Kraft aufgebaut, die sich jetzt – Gott sei Dank – mehr und mehr entspannt."
Wenn vieles, was dazu drängt, ausgesprochen zu werden, unausgesprochen bleibt und verdrängt wird, werden wir krank. Besonders unreine Gedanken und Gefühle sollten wir nicht verbergen, sondern sie einem uns vertrauten und Gott nahen Menschen gegenüber aussprechen. Denn in dem Maß, in dem man seine Gedanken verbirgt, vermehren sie sich und werden stärker. Ähnlich wie eine Schlange, die aus ihrem Versteck entweicht und sogleich davonkriecht, so schwindet der Gedanke sofort, wenn er offenbart ist.

Doch harre aus bei einem frommen Mann,
von dem du weißt, dass er die Gebote hält
und in seiner Seele deiner Seele entspricht
und mit dir leidet, wenn du strauchelst!

Denn die Weisheit hat den Mund der Stummen geöffnet und die Zungen der Unmündigen beredt gemacht.

(Weisheit 10,21)

Das LEBEN will gestaltet sein

Leistung und Hilfeleistung

Dankbarkeit wird deine guten Taten begleiten.

(Jesus Sirach 12,1)

Sichtweise ändern

Ich bin nämlich überzeugt, dass die Leiden der gegenwärtigen Zeit nichts bedeuten im Vergleich zu der Herrlichkeit, die an uns offenbar werden soll.
(Römerbrief 8,18)

Nach einer heiligen Messe in der St. Laurentius-Kirche in Senden – ich bleibe meist noch etwas länger in der Kirche – kam eine jüngere Frau zu mir und fragte, ob sie mir etwas auf ihrer Flöte vorspielen dürfe. In zarten und klaren Tönen erklang „Großer Gott, wir loben dich" und die Melodie des Schlusschores aus der neunten Sinfonie von Beethoven. Wir kamen ins Gespräch und ich erfuhr, dass Hannelore schon viele Jahre unter Multipler Sklerose litt, einer entzündlichen Erkrankung des Zentralnervensystems. Mit der Organistin schloss sie Freundschaft und beide musizierten häufig zusammen.
Monate später traf ich sie wieder und erschrak über ihr Aussehen und über ihre skandierende Sprache. Ich lud sie und die Organistin zum Essen ein und erfuhr, dass sie starke Medikamente zur Verkürzung der Schubdauer nehmen musste. Leise und unter vier Augen erzählte sie mir später, dass bei ihr die bösartige Form der „MS" mit tödlichem Verlauf festgestellt wurde.
Ich besuchte sie nun öfter in einem Heim, in der nur Multiple-Sklerose-Kranke untergebracht sind – vornehmlich Frauen. Der Verfall bei diesen so kranken Patientinnen war unaufhaltbar. Hannelore wurde querschnittsgelähmt und saß im Rollstuhl; Euphorie und Depression wechselten einander ab. Beatmungsgeräte standen in ihrem Zimmer. Trotz allem war ihre Freundlichkeit und Freude zu Herzen gehend. Sie sagte mir, dass ihre Familie sich

schon lange von ihr getrennt habe und sie ganz allein sei. Tief erschüttert verließ ich jedes Mal das Heim: geöffnete Zimmertüren, Kranke in ihren Betten oder im Rollstuhl auf den Fluren. Alle umgab ein großes Schweigen, denn es wurde kaum geredet. Große weit geöffnete Augen wollten alles mitbekommen, was im Haus geschah, erwartungsvolle Augen überall, aber niemand sagte etwas und fast keine Bewegung fand statt. Ich atmete das mit unsagbarem Leid gefüllte Schweigen ein. Dann saß ich wieder in meinem Auto und Tränen lösten sich.

Während eines langen geistlichen Gespräches nach einem meiner Besuche in diesem Heim sprach ein junger Mann endlos von sich selbst und seiner Umgebung, die ihm nicht gerecht würde. Dabei kreiste er nur um sich selbst und kritisierte andere. Ich musste mich stark konzentrieren, um nicht innerlich auszusteigen. Ein Hinweis meines längst verstorbenen Lehrers Heinrich Spaemann kam mir in den Sinn. „Man sollte manchen Menschen einen Bildband von Hiroshima und Nagasaki mit den Atomwaffenopfern zeigen, wenn sie, wie manche Politiker heute, unvertretbare Wege gehen."

Ja, ich wusste, wie es mit ihm weitergehen konnte. Ich bat den jungen Mann, mit mir einen Besuch zu machen. Er willigte ein. Wir gingen schweigend über die Flure mit den geöffneten Zimmertüren im Heim für MS-Kranke; wir besuchten „meine Patientin", die sich mittlerweile in einem noch schlechteren Zustand befand. Ganz langsam ging ich auf dem Rückweg an den Zimmern vorbei und las die Namen der Patientinnen auf den Türschildern – so, als ob ich jemanden suchen würde. Mein Begleiter folgte mir schweigend; auch im Auto sprachen wir nicht. Später erhielt ich einen Brief von ihm, in dem er seine Betroffenheit zum Ausdruck brachte und wie der „Besuch" ihn verwandelt habe.

Nicht die Gesunden bedürfen des Arztes, sondern die Kranken.
(Markus 2,17a)

Du sollst deinen Nächsten lieben wie dich selbst.
(Matthäus 22,39)

Der Wahrheit gehorsam, habt ihr euer Herz rein gemacht für eine aufrichtige geschwisterliche Liebe; darum hört nicht auf, einander von Herzen zu lieben.
(1. Petrusbrief 1,22)

Aufbrechen

Kind, prüfe dich während deines Lebens!
Sieh, was schlecht ist für dich und meide es!
Denn nicht alles ist für alle zuträglich
und nicht jeder ist mit allem zufrieden.
(Jesus Sirach 37,27–28)

„Viele meiner Freunde und Bekannten verstehen mich in einem Punkt nicht, ja, sie urteilen sogar recht hart über mich. Sie sagen, ich sei unstet, könne Begonnenes nicht zu Ende führen, würde von Einem zum Anderen springen und könne somit weder treu sein noch wirklich lieben. Von meinen Eltern – sie leben beide nicht mehr – habe ich Vorwürfe dieser Art niemals gehört. Etwas von dem, was man mir heute vorwirft, muss doch stimmen, denn über Jahre ist das Echo auf mein Handeln immer wieder dasselbe. Hinzu kommt, dass ich weder verheiratet bin noch in einer festen Beziehung lebe. Bis heute hat es in meinem Leben noch niemand vermocht, mich über einen längeren Zeitraum an sich zu ziehen und mich zu binden. Und dabei empfinde ich mich nicht als Einzelgänger. Ich mag andere Menschen, aber irgendwann langweilen sie mich, und ich halte nach neuen Ausschau. Die Routine und die Grauzone des Alltags kann ich einfach nicht ertragen. Ich muss zu neuen Ufern aufbrechen, sonst fühle ich mich schlecht. Genau wie im privaten Bereich ergeht es mir in meinem Beruf. Ich habe jedoch nicht den Eindruck, dass ich vor etwas davonlaufe.

Probleme zu lösen, fasziniert mich; doch sind sie gelöst, interessiert mich das Thema nicht mehr. So habe ich beispielsweise mehrere Geschäfte aufgebaut – sie dann zu führen, reizt mich allerdings nicht. Es geht bei mir immer wieder um einen Aufbruch, den sich meine – vielleicht kreative – Unruhe geradezu sucht. Wenn eine Hürde überwunden ist, bin ich zwar für Momente glücklich und dankbar, werde aber unzufrieden und kreuzunglücklich, wenn ich mich nicht sofort um etwas Neues kümmern kann. Es entsteht eigentlich immer etwas Konstruktives, das ich dann nur allzu gern anderen überlasse, um selbst wieder an eine neue Front gehen zu können. Was soll ich tun, denn ich werde ja auch älter?"

Da ich dieses Verhalten spontan weder als Flucht noch als positiven Aufbruch in ständig Neues einordnen konnte, führte ich mit dem Herrn viele Gespräche. Wir arbeiteten viele Argumente heraus, die für „Flucht" sprechen, aber weitaus mehr, die auf dynamische „Kreativität" zurückzuführen sind. Ich gab ihm ein Wort mit auf den Weg, dessen Autor ich leider vergessen habe. „Sind wir nicht wegen der Mühe an diesen Ort gekommen? Und nun bereitet er keine Mühe mehr! Ich habe meinen Mantel hergerichtet und gehe dahin, wo Mühe ist, und dort finde ich Ruhe!"

Der Herr sprach zu Abram: Geh fort aus deinem Land, aus deiner Verwandtschaft und aus deinem Vaterhaus in das Land, das ich dir zeigen werde! Ich werde dich zu einem großen Volk machen, dich segnen und deinen Namen groß machen. Ein Segen sollst du sein.
(Genesis 12,1–2)

Was bist du bedrückt, meine Seele,
und was ächzt du in mir?
Harre auf Gott; denn ich werde ihm noch danken
für die Rettung in seinem Angesicht.
(Psalm 42,6)

Sich in Freiheit „gefangen" fühlen

Solange ein bewaffneter starker Mann seinen Hof bewacht, ist sein Besitz sicher; wenn ihn aber ein Stärkerer angreift und besiegt, dann nimmt ihm der Stärkere seine ganze Rüstung, auf die er sich verlassen hat, und verteilt seine Beute.
(Lukas 11,21–22)

Elf Jahre nach der Errichtung des bischöflichen Bildungshauses „Haus Cassian" in der Diözese Hildesheim musste diese Bildungseinrichtung, die mir sehr ans Herz gewachsen war, wieder geschlossen werden. Der Grund bestand darin, dass der Priesterrat beschlossen hatte, diese jüngste Bildungsstätte im Bistum zu Gunsten der älteren Exerzitienhäuser aufzulösen. Bischof Dr. Josef Homeyer, der mich gebeten hatte, Haus Cassian im Weserbergland zu errichten, konnte gegen diesen Beschluss nicht vorgehen.
Die Mitarbeiter wurden abgezogen, sodass ich allein mit der Auflösung und dem Verkauf des Hauses betraut war. Ich begann mit der Hauskapelle, die zu errichten mir ein besonderes Anliegen war. Jetzt musste alles wieder auseinandergerissen und einigermaßen ehrwürdig untergebracht werden. Das Allerheiligste für immer aus dem Tabernakel zu nehmen, bereitete mir den größten Schmerz. Mich von dem romanischen Kreuz und der Pieta – beides ausgezeichnete Repliken, die ich in Gröden, Südtirol, erworben hatte – zu trennen, war fast ebenso schmerzhaft. Ich musste die geschnitzten Holzkreuze aus den Gästezimmern von den Wänden nehmen, die Reliquie aus dem Altar entfernen und das Ewige Licht löschen.
Viele Spender, zu denen auch meine Mutter gehörte, waren mit

mir traurig, dass Haus Cassian nur eine so kurze Lebensdauer hatte, obwohl an jedem Wochenende und manches Mal auch in der Woche das Haus gut belegt war. Die Argumente zur Schließung schienen mir vordergründig, doch bin ich bewusst dunklen und zerstörerischen Kräften nicht nachgegangen ...
Alles – angefangen von der Einrichtung der Kapelle über die Möbel des Hauses bis zur Bettwäsche, dem Essgeschirr und dem letzten Kaffeelöffel – musste eine neue Heimat, beziehungsweise einen neuen Besitzer finden. Das Weggeben von allem fiel mir schwer und hinterließ in meinem Inneren einen Schatten – so sehr hing ich an diesem Haus. Die große Freude, mit der ich die Bildungsstätte eingerichtet hatte, schlug in ihr Gegenteil um und stimmte meine Seele immer trauriger. Bischof Homeyer bot mir zwar die Leitung eines anderen, lange bestehenden Bildungshauses an, doch fühlte ich mich nicht nur wegen meines vorgerückten Alters, sondern auch wegen vieler Verletzungen nicht mehr in der Lage, dieses Angebot anzunehmen. Ich bat darum, emeritiert zu werden, und zog mich in meine Heimat, das Münsterland, zurück.
Nichts war jetzt so, wie es früher einmal war. Es gab keinen Altar mehr für mich ... und meine Lebensaufgabe, ein Bildungshaus zu führen, um dort das Ruhegebet nach Johannes Cassian zu verbreiten, schien mir genommen. Eine kleine, eher unbedeutende Krankheit löste plötzlich eine undefinierbare Angst in mir aus. Von Tag zu Tag wuchs das Gefühl einer inneren Gefangenschaft. Ich fühlte mich ständig der Kritik ausgesetzt und steigerte mich in die Vorstellung hinein, dass die anderen Menschen nur da waren, um mein Leben einzuschnüren und zu zerstören. Ich litt entsetzlich unter dieser ständigen Bedrohung und dem Angriff, der für mich von jedem und allem ausging. Selbst für meine Familie und meine Freunde war ich unerreichbar; ich sah mich wie abgespalten

von ihnen. Niemals zuvor in meinem Leben habe ich ein solches Gefangensein in mir selbst erfahren, ein Eingeschnürt- und Angekettetsein sowie ständig negative und Angst machende Gefühle und Gedanken. Trotz lähmender Angst und Furcht vor anderen Menschen fand ich die Kraft, mich in psychiatrische Behandlung zu begeben. Die Ärztin diagnostizierte eine Entlastungs-Depression und half mir über ein ganzes Jahr durch wirksame Medikamente, vornehmlich durch Amitriptylin, über das Schlimmste hinweg. Es dauerte lange, bis meine Seele begriffen hatte, dass es notwendig war, im Kleinen loszulassen, um ganz andere, weitreichendere Aufgaben zur Verbreitung und Vertiefung des Glaubens angehen zu können.

Man brachte alle Kranken mit den verschiedensten Gebrechen und Leiden zu ihm, Besessene, Mondsüchtige und Gelähmte, und er heilte sie.
(Matthäus 4,24)

Da hörte ich (Jesaja) die Stimme des Herrn, der sagte: Wen soll ich senden? Wer wird für uns gehen? Ich sagte: Hier bin ich, sende mich!
(Jesaja 6,8)

Demütigen

Macht euch nicht zu Sklaven von Menschen! Brüder und Schwestern, jeder soll vor Gott in dem Stand bleiben, in dem ihn der Ruf Gottes getroffen hat.
(1. Korintherbrief 7,23b–24)

„Als Ingenieur eines großen deutschen Unternehmens, das Stromgewinnungs-Anlagen für Stauwerke baut, bin ich schon viel in der Welt herumgekommen. Als ich noch nicht verheiratet war, freute ich mich über jeden neuen Auftrag aus dem Ausland, denn das bedeutete für mich einen mehrmonatigen Aufenthalt dort. So erlernte ich nicht nur mehrere Sprachen, sondern konnte auch tiefer die jeweilige Kultur des Landes erleben. In Griechenland begegnete ich meiner zukünftigen Frau: Sie ist Griechin, Innenarchitektin und stammt aus einer sehr vornehmen Familie. Eine wunderbare Geschichte führte uns zusammen. Doch darum geht es mir jetzt nicht. Nicht zuletzt auch durch die Unterstützung ihrer Eltern konnten wir es uns erlauben, im Raum München ein großzügiges Haus zu kaufen.
Das Leidvolle jedoch für uns beide ist: Ich stehe noch voll im Beruf und muss häufig für Wochen, wenn nicht gar für Monate, ins Ausland reisen. Irene ist allein; wir haben keine Kinder. Zum Glück verstehen wir uns mit unseren Nachbarn gut, sodass Irene in meiner Abwesenheit hin und wieder mit jemandem sprechen kann und Gesellschaft hat.
Es geschah jedoch etwas sehr Demütigendes, worunter meine Frau nach wie vor leidet. Ja, sogar ein starkes Heimweh nach Griechenland ist in ihr aufgebrochen. Die Nachbarn erwarteten Gäste, und dazu musste sich ihr Haus im schönsten Glanz zei-

gen. Obwohl ich es ihr untersagt hatte, bot sie unseren Nachbarn an, ihnen bei den Vorbereitungen zu helfen. Sie freuten sich und machten Gebrauch davon. Meine Frau, die etwas Gutes tun und sich ablenken wollte, freute sich ebenso. Sie fasste mit an, wo sie nur konnte. Als sie alles so weit hergerichtet hatte, fragte sie die Hausfrau, ob noch etwas Weiteres zu tun sei. ‚Ja', sagte diese, ‚die Toiletten müssen noch gründlich gereinigt werden.' Meine Frau, die über dieses Ansinnen sprachlos war, tat es mit der ihr angeborenen Freundlichkeit. Als am nächsten Morgen die Nachbarin anrief und um Mithilfe bat, das Haus aufzuräumen, sagte meine Frau, sie habe heute leider keine Zeit."
Es stellt sich mir die Frage: Darf ein gutes nachbarschaftliches Verhältnis durch ein solches Ansinnen, die Toiletten zu reinigen, belastet werden oder zeigt sich gerade dadurch, wie stabil es ist?

Bekleidet euch also, als Erwählte Gottes, Heilige und Geliebte, mit innigem Erbarmen, Güte, Demut, Milde, Geduld! Ertragt einander und vergebt einander, wenn einer dem anderen etwas vorzuwerfen hat!
(Kolosserbrief 3,12–13a)

Die Furcht des Herrn erzieht zur Weisheit
und Demut geht der Ehre voran.
(Sprichwörter 15,33)

Gib dem Frommen, aber unterstütze nicht den Sünder!
Tu Gutes dem Demütigen, aber gib dem Gottlosen nichts!
(Jesus Sirach 12,4–5a)

Dank ernten

Wenn du Gutes tust, erkenne, wem du es tust, und Dankbarkeit wird deine guten Taten begleiten!
(Jesus Sirach 12,1)

Nach dem Krieg war es meinen Eltern nicht mehr möglich, wieder in das von ihnen gemietete Haus einzuziehen, denn es war derart zerstört, dass sich ein Aufbau nicht mehr lohnte. Mit Unterstützung meines Großvaters gelang es meinem Vater, unter großen Mühen und Entbehrungen ein neues Haus gegenüber dem Mathias-Spital in Rheine zu bauen. Infolge der schlechten Baustoffe waren auch später Renovierungen immer wieder nötig. Doch je mehr wir an Arbeitszeit und Mitteln in die Haus- und Gartenpflege investierten, desto mehr liebten wir auch unser neues Zuhause.
Nach Vaters Tod und meinem Weggang zum Studium und in den Priesterberuf wohnte Mutter hier ganz allein. Ihre Heimat war ihr Ein und Alles, und sie verzichtete auf Reisen und Einladungen, nur um daheim in ihrem geliebten Haus und Garten bleiben zu können. Dreißig Jahre nach Vater starb sie 84-jährig. Bis zu ihrer Beerdigung lag Mutter vier Tage in ihrem Wohnzimmer – zugedeckt mit ihrer weißen Lama-Wolldecke, die sie immer zum Mittagsschlaf benutzte.
Das Haus hatte sie mir vererbt. Nachdem ein Jahr vergangen war und alle Formalitäten und Notwendigkeiten erledigt waren, überlegte ich, wie ich in Mutters Sinn das Haus nutzbar machen könnte. Selbst konnte ich es aus beruflichen Gründen nicht bewohnen. So bot ich es der Caritas an, zum Beispiel für ein Hospiz oder ein Tagesheim für Senioren. Ich war von dieser Idee begeistert und engagierte mich dafür – die Caritas aber zeigte sich zurückhaltend.

Nur schleppend bequemte man sich, das Haus überhaupt anzuschauen. Die vielen Vorbehalte, Bedenken und Einschränkungen taten mir weh. Und dann vergingen Monate, bis ich einen Bescheid bekam, der einige „Bedingungen" für die Übernahme enthielt. Wie konnte das sein, wo ich doch gewillt war, Mutters geliebtes Haus der Caritas kostenlos zu überlassen? Als ich dann in einem Gespräch erfuhr, dass ich sogar noch zusätzliche Belastungen übernehmen sollte – wie Steuern, Strom- und Heizkosten –, zog ich kurzerhand das Angebot zurück.
Wie häufig im Leben kommt nach einer Enttäuschung auf einmal ganz von selbst eine Lösung des Problems auf einen zu, die weitaus besser ist als die zunächst angedachte. Heute gehört – bestimmt im Sinn meiner Mutter – ihr Haus dem Mathias-Spital (Mathias Stiftung), in dessen Kuratorium mein Großvater sein Leben lang war. Das Mathias-Spital brachte in meinem Elternhaus das „Institut für Traditionelle Chinesische Medizin" (TCM) unter. Die Freude war groß, dass gleich neben dem Spital dieses Institut eingerichtet werden konnte.

Versag keine Wohltat dem, der sie braucht, wenn es in deiner Hand liegt, Gutes zu tun!
(Sprichwörter 3,27)

Ich will danken, Herr, aus ganzem Herzen.
(Psalm 9,2a)

Es gibt ein Geschenk, das dir nicht nützlich sein wird,
und es gibt ein Geschenk, das doppelt zu vergelten ist.
(Jesus Sirach 20,10)

Atme Heiligen Geist

Wandelt im Geist, dann werdet ihr das Begehren des Fleisches nicht erfüllen!
(Galaterbrief 5,16)

„Es fällt mir nicht leicht, über etwas zu reden, was mir einerseits große Freude bereitet, andererseits jedoch im Laufe der Zeit eine Belastung für mich geworden ist und somit viele Fragen hervorruft. Als Student genieße ich momentan mein Leben nach allen Seiten. Mit Vielem gehe ich freier um, als ich es von zu Hause aus gewohnt war. Dazu gehört auch die Selbstbefriedigung. So geht es schon einige Zeit. Zunächst empfand ich nach der eigentlichen Lust ein wohliges Gefühl im gesamten Körper, das sogar danach noch anhielt und mich wie in einen Schwebezustand versetzte.
Seit einiger Zeit jedoch – und das veranlasst mich auch, darüber zu sprechen und Fragen zu stellen – mischt sich in dieses lustvolle Gefühl ein fader Geschmack, den ich förmlich auf der Zunge spüre. Dabei bleibt es jedoch nicht. Etwas mir Fremdes legt sich seit geraumer Zeit wie ein Ring um meinen Brustkorb, ja, um mein Herz, und engt mich ein. Das Ganze hat etwas Schweres, Dunkles und nach unten Ziehendes an sich, wie ich es bisher nicht gekannt habe. Eigentlich hatte ich nicht vor, darüber mit jemandem zu sprechen, doch dieser bittere Geschmack und eine damit verbundene innere Belastung nehmen von Mal zu Mal zu. Kann denn mein sexuelles Verhalten, das ich für mein Alter als normal und natürlich empfinde, zu einer seelischen Belastung für mich werden?“
Ohne viel zu reden und nicht Gefahr zu laufen, etwas sehr Wertvolles im Menschen zu zerreden, gab ich dem Studenten eine

Übung mit auf den Weg, die ihn entlasten und ihm wortlos eine Antwort auf seine Frage geben sollte.
Lege all deine Anspannung in das Ausatmen und gebe sie somit ab. Stelle dir beim Einatmen vor, du atmest durch dein Geschlechtszentrum ein. Führe dann in deiner Vorstellung langsam den eingeatmeten Luftstrom deine Wirbelsäule hinauf bis in den Kopf. Atme jetzt durch die Mitte deiner Stirn aus – durch das sogenannte dritte Auge. Wiederhole diese bewusst geführte Atmung zwei bis drei Mal am Tag jeweils vier bis fünf Minuten lang.
Im Gegensatz zu früheren Methoden der Abtötung bejahen wir heute unsere Geschlechtskraft, die ja vom Schöpfer gegeben ist. Die genannte Atemführung entlastet die sich im Beckenraum aufgestaute Vitalkraft, lässt keine unguten Wunschvorstellungen zu, und wir leiden nicht unter unerfüllten Wünschen. Die sexuellen Kräfte sollten nicht unseren Tagesablauf bestimmen. Wir können sie steuern, sodass wir nicht von ihnen beherrscht werden. Sie besitzen uns nicht, sondern wir freuen uns, sie zu besitzen.

Legt alles Schmutzige und die viele Bosheit ab und nehmt in Sanftmut das Wort an, das ... die Macht hat, euch zu retten!
(Jakobusbrief 1,21)

Wer im Fleisch gelitten hat, für den hat die Sünde ein Ende. Darum richtet euch, solange ihr noch auf Erden lebt, nicht mehr nach den menschlichen Begierden, sondern nach dem Willen Gottes! Denn lange genug habt ihr in der vergangenen Zeit ... ein ausschweifendes Leben voller Begierden geführt.
(1. Petrusbrief 4,1b–3a)

Anerkennung zulassen

Von der Frucht seiner Worte zehrt der Gute.
Ein erfüllter Wunsch tut dem Herzen wohl.
(Sprichwörter 13,2a.19a)

Einen Teil meiner theologischen Studien absolvierte ich in Italien, wo ich dann anschließend auch als Diakon und Kaplan tätig war. Sowohl im Diakonatsjahr als auch im ersten Priesterjahr waren begleitende Vorlesungen und Seminare an der Universität Pflicht. Einen besonderen Stellenwert hatte das Fach „Homiletik" (Predigtlehre). Predigten wurden entworfen und kritisch sowohl von dem Professor als auch den Studenten unter die Lupe genommen. Während sie im sonntäglichen Gottesdienst gehalten wurden, nahm der Pfarrer der Gemeinde oder der Küster sie auf einen Tonträger auf. In Kleingruppen wurden dann die Predigten in der darauffolgenden Woche an der Universität unter Aufsicht des Professors analysiert und benotet. Es war für mich immer höchst interessant zu erleben, wie unterschiedlich dasselbe Evangelium ausgelegt wurde. Die Zeit der Predigt zwischen acht und elf Minuten musste genau eingehalten werden. Diese Arbeit brachte reichen Gewinn, und es war eine Freude zu sehen, wie engagiert alle dabeiwaren.
Infolge meiner langjährigen Berufserfahrung gelang es mir meist, die Predigt sehr aktuell zu gestalten und Beispiele aus dem harten Alltagsleben einfließen zu lassen. Dem Homiletik-Professor – er war gleichzeitig der Generalvikar der Diözese Bozen und Brixen – müssen jedoch meine Predigten absolut nicht gefallen haben. Als ich eines Tages bei ihm im Seminar die Äußerung tat, dass ich mich von Herzen freuen würde, wenn meine Worte bei der Gemeinde gut

ankämen, und ein Lob die beste Motivation für mich sei, fiel er mir ins Wort. So etwas – meinte er – dürfte doch wohl aus dem Mund eines Priesters nicht kommen. Meine Worte ließen auf Selbstgefälligkeit und Eitelkeit schließen. Ein Priester habe auf dem letzten Platz zu stehen und müsse, ohne auf Anerkennung zu warten, der Gemeinde unauffällig und ständig dienen.
Das Wort des Generalvikars – ausgesprochen vor einer großen Gruppe – tat mir weh und ich dachte lange darüber nach, ob ein Geistlicher wirklich auf jede Art von Anerkennung verzichten muss. Als junger Mensch brauchte ich hier und da ein Lob für meine Arbeit, um erfolgreich weiterarbeiten zu können und um für Neues motiviert zu sein. Und mit zunehmendem Alter darf ich ebenso sagen, dass es mir gut tut, hier und da einmal ein gutes Echo zu hören. Ich glaube sogar, dass viele Priester unbedingt einer Anerkennung bedürfen, wenn sie dem Leid vieler Menschen begegnen oder erfahren, wie unfair oftmals die Kirche behandelt wird. Wenn ein Priester Gutes tut und Anerkennung findet, kann er seine Gedanken verurteilen, wenn er sich dieser Ehre nicht für würdig hält. Verachtung oder ständige Kritik hingegen kommt aus einer schlechten Quelle. Wie können wir unser Herz ermuntern und uns für Neues motivieren, wenn die Menschen ständig an uns Anstoß nehmen? Es ist schon gut und richtig, hin und wieder auch ein Lob bejahend anzunehmen und sich an ihm zu erfreuen.

Wenn ein Verständiger ein weises Wort hört,
wird er es loben und eines hinzufügen;
wenn ein Lebemann es hört, dann missfällt es ihm
und er wendet ihm seinen Rücken zu.
(Jesus Sirach 21,15)

Es gibt eine Niederlage um der Ehre willen
und es gibt jemanden, der aus der Demütigung das Haupt erhebt.
(Jesus Sirach 20,11)

Potenziale entdecken

Denn ihr sollt ein Leben führen, das des Herrn würdig ist und in allem sein Gefallen findet. Ihr sollt Frucht bringen in jeder Art von guten Werken und wachsen in der Erkenntnis Gottes. Er gebe euch in der Macht seiner Herrlichkeit viel Kraft, damit ihr in allem Geduld und Ausdauer habt.
(Kolosserbrief 1,10–11)

„Als ich vor vier Jahren mein Unternehmen gründete, war ich noch voll Elan und Begeisterung. Ich war mir sicher, dass ich Erfolg haben würde. Im Wettbewerb zu bestehen, war und ist nicht einfach für mich. Bisher lief alles recht gut, was meine Bilanzen zeigen. Doch allmählich geht mir bei diesem intensiven beruflichen Engagement die Luft aus. Ich fühle mich ausgelaugt, so als ob eine Quelle in mir versiegt wäre. Dazu kommt, dass sicherlich einiges in meinem Leben zu kurz oder durch Verdrängung nicht zur Entfaltung kam. Oft habe ich Angst, dass etwas Unerwünschtes bei mir sichtbar wird und ich nicht damit fertig werde. Mir fehlt die Kraft, tiefgreifende Probleme anzugehen, schwierige Phasen auszuhalten und durchzustehen und vor allem die Freude, etwas ausdauernd zu tun in der Gewissheit, dass sich Erfolg einstellt. Von der Psychologie und mehr noch vom religiösen Ansatz weiß ich, wie lebensnotwendig es ist, etwas für meine geistig-seelische Entwicklung zu tun, um ungenutzte Potenziale zu aktivieren.
Zeitaufwand und Mühe eines geistigen Weges halten mich jedoch davon ab, ihn auch wirklich zu gehen. Es machen sich weitere Widerstände in mir breit: Vorwände, ‚notwendige und vorrangige' Arbeit, Müdigkeit und der tägliche Vorsatz, nun endlich ab morgen zu beginnen. Aus der Mitte meines christlichen Glaubens be-

wegt mich die Frage: Kann überhaupt etwas so tot sein, dass es sich nicht doch wieder in etwas Lebendiges verwandeln ließe?"

Wir sprachen sehr intensiv über menschliche und berufliche Grenzen, aber auch über ungenutzte Möglichkeiten, die es noch zu entdecken gilt. Trotz seines Versagens im Beruf hatte der junge Unternehmer vom Religiösen her eine Hoffnung. Somit war er ganz offen, als ich ihm vorschlug, regelmäßig das Ruhegebet zu beten – eine alte christliche Gebetsweise, die keine Leistung, sondern nur Hingabe verlangt. Alles, was ich ihm darüber sagte, nahm er sofort verständnisvoll und bejahend an. Er begann dieses einfache Gebet zu praktizieren, und schon nach einigen Monaten zeigte sich nicht nur auf seiner beruflichen Ebene Erfolg, sondern auch in seinem privaten und vornehmlich in seinem religiösen Leben. Durch das Ruhegebet stellte sich wieder eine gesunde Balance ein, die Körper, Geist und Seele mehr in Einklang brachte.

Werft also eure Zuversicht nicht weg – sie hat großen Lohn. Was ihr braucht, ist Ausdauer, damit ihr den Willen Gottes erfüllt und die Verheißung erlangt.
(Hebräerbrief 10,35–36)

Alles, was aufgedeckt ist, wird vom Licht erleuchtet. Denn alles Erleuchtete ist Licht. Deshalb heißt es: Wach auf, du Schläfer, und steh auf von den Toten und Christus wird dein Licht sein.
(Epheserbrief 5,13–14)

Aber man muss doch ein Fest feiern und sich freuen; denn dieser, dein Bruder, war tot und lebt wieder; er war verloren und ist wiedergefunden worden.
(Lukas 15,32)

Wenn KÖRPER und SEELE leiden

Körperliche und psychische Krankheiten

Es ist nicht gut, dass der Mensch allein ist.

(Genesis 2,18)

Ausgestoßen

Es ist nicht gut, dass der Mensch allein ist.
(Genesis 2,18)

Was es bedeutet, nicht mehr Mensch sein zu dürfen, erlebte ich in einer Gefängnisklinik. Psychisch kranke Straftäter waren im Landeskrankenhauses Eickelborn untergebracht (heute: LWL-Zentrum für Forensische Psychiatrie Lippstadt).
Ein Praktikum während meiner Ausbildung zum Psychologen bestand in einer zweimonatigen Mitarbeit in dieser psychiatrischen Klinik für Straffällige. Für die Kranken, von denen eine besondere Gefahr ausging, gab es ein eigenes großes Gebäude, das nach allen Seiten abgesichert war und auch Tag und Nacht bewacht wurde: Mauern, Gräben, Zäune, Wachposten und Wachhunde. In diesem Haus, „Männer 9" genannt, arbeitete ich. Höchstens sechs bis acht Männer waren zu einer Gruppe zusammengefasst, die den Tag in einem vergitterten Aufenthaltsraum verbrachten. Was sich so manches Mal zwischen ihnen abspielte, ist kaum zu beschreiben. Noch nie habe ich eine so geballte Aggression erlebt. Nur zwei Pfleger zusammen durften diese Räume betreten – allerdings ohne Waffe. Ein dritter bewaffneter Pfleger stand außerhalb in Bereitschaft.
Die Zeit, in der den Kranken das Essen gebracht wurde, war die ungefährlichste. Und für diesen Dienst hatte auch ich Zugang zu den Gruppen – die ersten Male mit starkem Herzklopfen. Die meisten Inhaftierten standen zwar unter stark beruhigenden Medikamenten, doch konnte man in keinem Augenblick ihre Reaktionen voraussehen.
Ein Mann in Einzelhaft – er hatte mehrere Menschen umge-

bracht – beeindruckte mich so tief, dass ich viele Nächte nicht schlafen konnte. Seine Zelle hatte ganz oben in der Wand ein kleines Fenster, das man von unten nicht erreichen konnte. Der Mann war nackt, da sonst die Gefahr bestand, dass er sich mit seiner Garderobe erwürgte. Wenn Tobsuchtsanfälle ihn überfielen, er Essen oder Medikamente bekam oder seine Zelle gereinigt werden musste, wurde die Temperatur im Raum auf einige Grad heruntergefahren, bis der Mann zu frieren begann. Über der Liegematte ging dann automatisch eine Infrarot-Heizlampe an, die diesen Bereich wärmte. Der Mann zog sich frierend dorthin zurück und war dann meist sehr friedlich. In der vergitterten Tür befand sich ein Späher oder auch Spion genannt, durch den man von außen alles genau beobachten konnte. Wenn ich durch den Späher in der Tür schaute, bemerkte es der Kranke sofort, wurde unruhig und ging aggressiv auf die Tür zu.

Damit beim Betreten der Zelle keine Gefahr bestand, angegriffen zu werden, fuhren also die beiden Pfleger, die den Raum betreten mussten, vorher die Zimmertemperatur herunter, sodass der Kranke sich auf die Matte zurückzog. Ein Dritter musste während des „Besuches" durch den Späher schauen und den Ablauf beobachten.

Ich hatte erfahren, dass der Kranke sich im Spätstadium einer Syphilis befand und bereits die progressive Paralyse (Untergang der grauen Hirnsubstanz) und eine damit verbundene Hirnatrophie eingetreten war. Da er bereits hier in Eickelborn einen Mithäftling getötet hatte, indem er den Kopf seines Mitgefangenen auf einer gusseisernen Heizung zertrümmerte, konnte er nur noch in dieser menschenunwürdigen Einzelhaft untergebracht werden.

Immer, wenn ich an diesen Kranken in seiner völligen Isolierung dachte oder an seiner Zelle vorbeigehen musste, lief mir ein kalter Schauer über den Rücken und ich betete ein Stoßgebet.

Wenn ich das Wort „Hölle" definieren sollte, würde ich anhand dieser grausamen Erfahrung sagen, sie besteht in einer permanenten Isolierung von Menschen. Der erste Psalm drückt dies in einem Bild aus, wenn er von den Verworfenen spricht: Sie sind wie Spreu, die der Wind verweht.

(Psalm 1,4)

Wende dich mir zu und sei mir gnädig;
denn ich bin einsam und arm!

(Psalm 25,16)

Tod und Auferstehung

Er ist wie ein Baum, gepflanzt an Bächen voll Wasser, der zur rechten Zeit seine Frucht bringt und dessen Blätter nicht welken.
(Psalm 1,3)

Es gibt Zeiten in unserem Leben, in denen uns nichts gelingen will, und auch die Hoffnung auf ein Neues schwindet. Alles, was wir beginnen und anfassen möchten, entgleitet uns wieder. Es ist niemand da, der uns an die Hand nimmt, uns Mut zuspricht und uns in der schweren Zeit mit seiner liebenden Zuwendung begleitet. Dunkle Wolkenschichten haben sich vor die Sonne geschoben, und weil sie sich kaum bewegen, glauben wir nicht einmal mehr, dass es die Sonne gibt. Viele Menschen werden in einer derartigen Lebensphase depressiv und müssen Entsetzliches durchleiden. In diesem langsamen „Sterben" ist jegliche Hoffnung auf eine Auferstehung abhanden gekommen.
Ein ganzes Jahr lang habe ich nach der Schließung von „Haus Cassian", das ich aufbauen und leiten durfte, in einer solch hoffnungslosen Dunkelheit gelebt. Kein Fenster und keine Tür wollten sich öffnen, und Angst machte sich breit, eine Angst davor, die kleinsten Dinge nicht mehr leisten zu können und in allem zu versagen. Trotz der lang andauernden Hilf- und Hoffnungslosigkeit habe ich täglich, wie ich es aus guten Zeiten gewohnt war, gebetet und den Gottesdienst besucht. Ein nicht enden wollendes „Angenageltsein" verfolgte mich Tag und Nacht, und ich verlor den Glauben an eine Auferstehung. Doch meine Gebetszeiten und den Empfang der heiligen Kommunion gab ich nicht auf.
Eine kompetente Ärztin aus dem Rochus-Hospital in Telgte bei Münster stand mir zur Seite. Sie versuchte, all meine Abstürze

liebevoll aufzufangen. Sie schenkte mir Zeit zum Sprechen und weckte in mir neu – und tiefer als je zuvor – den Glauben an die Auferstehung Jesu Christi, in die er auch mich mit hineingenommen hat. Ihr eigener Glaube und die Gewissheit, die sie mir zusprach, dass die entsetzliche Dunkelheit meiner Seele bald ein Ende haben würde, gaben mir zusätzlich Kraft. Ein verschlüsseltes Wort von ihr zur Auferstehung Jesu Christi und zur Auferstehung von uns allen hat sich tief in mein Inneres gesenkt.
Wie starr, verlassen und leblos sieht doch ein Obstbaum im Winter aus. Er macht den Eindruck, dass ihn wohl niemals mehr reiches Leben füllen würde. Doch täuscht diese Wahrnehmung, denn in Wirklichkeit bereitet er sich durch diesen winterlichen Rückzug darauf vor, im nächsten Frühjahr noch weitaus üppiger zu grünen, zu blühen, um dann noch reichere Früchte zu tragen, als er es je zuvor getan hat.

Denn für den Baum besteht noch Hoffnung: Ist er gefällt, so treibt er wieder, sein Sprössling bleibt nicht aus.
(Ijob 14,7)

Denn vorbei ist der Winter, verrauscht der Regen. Die Blumen erscheinen im Land, die Zeit zum Singen ist da.
(Hohelied 2,11–12a)

Angst überwinden

In der Welt seid ihr in Bedrängnis; aber habt Mut: Ich habe die Welt besiegt.
(Johannes 16,33b)

In der Arbeit als Seelsorger geht es mir immer wieder von Neuem auf, wie ungemein zerstörerisch die Angst sein kann. Eine durch und durch von Angst geprägte Frau kam eines Tages ins „Haus Cassian", um mich dringend zu sprechen. Da gerade keine Gruppe im Haus war und kein Kursus stattfand, konnte ich mich dieser Frau widmen, der man auf ihrer Suche nach innerer Ruhe das Haus Cassian empfohlen hatte – aller Wahrscheinlichkeit nach, weil hier das „Ruhegebet" des Johannes Cassian gelehrt wurde.
Frau H. machte einen gepflegten und äußerlich ruhigen Eindruck auf mich. Als sie begann, von sich zu erzählen, spürte ich jedoch, wie sie von panischer Angst gejagt und krank daran war. Sie befand sich auf der Flucht von Husum, ihrem Wohnort, nach Frankfurt, wo man ihr einen Wohnwagen und eine Dogge zur Bewachung zur Verfügung stellen wollte. In ihr Haus, so sagte sie ängstlich, seien Fremde mit Taschenlampen eingedrungen und hätten den Gashahn im Keller geöffnet, um sie zu vergasen.
Ihr Mann lebe getrennt von ihr in Berlin und leide unter Gehirnschwund. Sie sei früher Diplom-Handelslehrerin gewesen, doch jetzt würde sie erbarmungslos verfolgt und überall, wohin sie komme, seien Kameras zur Beobachtung aufgestellt. Es gäbe viele psychisch kranke Menschen, doch sie sei völlig gesund. Sie sei in vielen Klöstern gewesen und hätte um Hilfe gefragt, doch diese nirgends bekommen. Eine schreckliche Angst hätte sie vor der „Scientology Church", die hinter der charismatischen Bewe-

gung stehe, der sie angehöre. Auch die Leihfirma ihres Wagens, mit dem sie hierhergekommen sei, gehöre der Scientology-Bewegung.

„Ich komme mir vor“, sagte sie ganz erschrocken, „wie ein Schmetterling, der von einer Nadel durchbohrt und aufgespießt ist.“ Über drei Stunden lang erzählte sie mir weitere Horrorgeschichten – durchzogen von einer maßlosen Angst, die sie ruhelos durch ganz Deutschland trieb. Ihr Mann habe es auf ihre Rente abgesehen und wolle ihr Gehirn lähmen. Ihr Bruder in Köln sei ein Spion ihres Mannes, und er sei es auch gewesen, der den Gashahn geöffnet habe ... Jetzt sei sie auf der Flucht und erwarte, dass sie hier im Haus Cassian Schutz und Frieden finde.

Auf Religiöses hin war sie nicht ansprechbar, sondern sie erzählte mir sofort weitere schreckliche und angstbesetzte Geschichten, in die sie verwickelt war. Zwischendurch fragte ich mich, wer wohl eine so schwer kranke Frau zu mir geschickt haben könnte. Haus Cassian gehörte zu Hessisch Oldendorf, einem kleinen Ort an der Weser, in dem es eine Neurologische Klinik gab. Mit ein wenig Überredungskunst konnte ich Frau H. klarmachen, dass sie sich unbedingt in ärztliche Behandlung begeben müsste. Ich begleitete sie dann in die Klinik ...

So intensiv und dramatisch hatte ich noch bei keinem Menschen eine permanent anwachsende Angst erlebt, die den Menschen regelrecht böse macht.

Wie viel latente Angst ist auch in uns im gesunden Zustand vorhanden, nicht mehr geliebt zu werden und dann in Sinnlosigkeit, Verzweiflung und Chaos zu verfallen? Ich kenne viele, Erwachsene wie auch Kinder, die sich daher so liebenswert wie eben möglich machen, um der Gefahr des Liebesverlustes zu entgehen. Aber wie hoch ist der Preis, um einfach nur „gut“ zu sein? Gefühle, die sich ausdrücken möchten, werden versteckt, ebenso Aggressionen. Konflikten wird aus dem Weg gegangen und Ungesagtes versinkt noch tiefer im Schweigen. Nach und nach baut sich im Menschen Angst auf, und wenn sie sich selbstständig macht, wird sich der Mensch selbst unheimlich.

Meister, kümmert es dich nicht, dass wir zugrunde gehen? Da stand er auf, drohte dem Wind und sagte zu dem See: Schweig, sei still! Und der Wind legte sich und es trat völlige Stille ein. Er sagte zu ihnen: Warum habt ihr solche Angst? Habt ihr noch keinen Glauben?
(Markus 4,38b–40)

Da stieg Petrus aus dem Boot und kam über das Wasser zu Jesus. Als er aber den heftigen Wind bemerkte, bekam er Angst. Und als er begann unterzugehen, schrie er: Herr, rette mich! Jesus streckte sofort die Hand aus, ergriff ihn und sagte zu ihm: Du Kleingläubiger, warum hast du gezweifelt?
(Matthäus 14,29–31)

Vertrauen

Jede Bestechung und jede Ungerechtigkeit wird ausgelöscht, aber Treue wird in Ewigkeit bestehen.
(Jesus Sirach 40,12)

Aus meiner jahrzehntelangen Erfahrung kann ich klar und eindeutig sagen: Die meisten Kinder, deren Eltern sich getrennt und deren Ehen geschieden wurden, leiden nicht nur vorübergehend, sondern tragen auch dauerhaft Schäden davon. Es ist schlimm, mit ansehen zu müssen, was alles an Leid geschieht. In erster Linie bezieht sich die Verantwortung der Eltern natürlich auf die Kinder. Aber sind nicht auch die Haustiere, wie zum Beispiel Hunde, von einer Scheidung betroffen, die dann in fremde Hände gegeben werden, weil keiner der Eheleute sich verantwortlich fühlt oder meint, Platz für den Hund zu haben?
Zusammen mit seinem schwarzen Labrador kam ein Herr zu einem Gespräch, nachdem er vorher gefragt hatte, ob er seinen Hund mitbringen dürfe. Ich erfuhr, dass Sem, so hieß der Hund, vor drei Jahren zu ihm kam, nachdem die Familie, in der er fünf Jahre lebte, auseinandergebrochen war. Die Liebe und Zuwendung, die Sem bei seinem neuen Herrchen erfuhr, hat ihn vor psychischen Dauerschäden bewahrt.
Doch muss ich jetzt eine Situation schildern, die mich persönlich betrifft und die von mir eine Antwort fordert. Der freundliche Besucher – so erfuhr ich von ihm – war schwerkrank. Er hatte als Folge von Asbestbelastungen beidseitigen Lungenkrebs. Als Sänger, Bariton, stand er jahrzehntelang auf der Bühne. Asbestplatten wurden wegen der leichten Verarbeitungsmöglichkeit in Theatern und Opernhäusern als Kulissen verwandt, da sie schnell und

handlich auswechselbar sind. Die Asbestfasern wurden durch Abrieb freigesetzt und vornehmlich von den Sängerinnen und Sängern stundenlang täglich eingeatmet. Heute ist bekanntlich der Einsatz von Asbest aufgrund der großen Gesundheitsgefahren auch in der Bauindustrie und Wärmedämmung streng verboten.
Sems Herrchen, so sagte er mir, hatte nicht mehr lange zu leben, da der Krebs zu weit fortgeschritten war und Therapien aussichtslos waren. Er nahm täglich 400 mg Morphium zu sich, um den Tag einigermaßen zu überstehen. Seine größte Sorge war es, nicht zu wissen, wohin er Sem geben sollte, wenn ihm etwas passierte. Alles, was zu seinem sonstigen Nachlass und zur Beerdigung gehörte, hatte er geregelt – selbst den Sarg hatte er bereits ausgesucht. Täglich besuchte er die heilige Messe und empfing viel Glaubenskraft durch den Empfang der heiligen Eucharistie. Er sagte, dass seine Lungen mehrmals schon zusammengebrochen seien und es jeden Moment wieder passieren könne – mit wahrscheinlich tödlichem Ausgang. Sem und sein Herr schauten mich mit unendlich traurigen Augen an, und ich konnte meine Tränen nicht zurückhalten, als Sem seinen Kopf auf meinen Schoß legte. Stand ihm bevor, über kurz oder lang wieder herrenlos zu sein? Ich hätte die Möglichkeit gehabt, Sem aufzunehmen, doch wäre ich dann in meiner Arbeit als Priester sehr gebunden gewesen. Gewiss, es gibt viele traurige Hundeschicksale auf der ganzen Welt, aber es sind Tiere, die ich nicht kenne. Die Vorstellung aber, Sem müsste in ein Tierheim, wäre schrecklich, da ich mich mit ihm nun persönlich vertraut gemacht hatte und er Zutrauen zu mir gefasst hatte.
Kurz vor dem Tod seines Herrchens fand Sam in einer ganz lieben Familie mit zwei Kindern ein neues Zuhause. Ich fühlte mich entlastet, lag doch die Vorstellung, dass der Hund herrenlos zurückbleibt, sehr auf meiner Seele.

Nie sollen Liebe und Treue dich verlassen;
binde sie dir um den Hals,
schreib sie auf die Tafel deines Herzens!
(Sprichwörter 3,3)

Sein Herz ist fest,
auf den Herrn vertraut er.
(Psalm 112,7b)

Frei werden

Zum Ekel ist mein Leben mir geworden, ich lasse meiner Klage freien Lauf, reden will ich in meiner Seele Bitternis. Ich sage zu Gott: Sprich mich nicht schuldig, lass mich wissen, warum du mich befehdest!
(Ijob 10,1–2)

Als mein Vater uns, meine Mutter, meine Schwester und mich, verließ – er kam durch einen Autounfall ums Leben –, war er noch relativ jung. Ich war der Erste in unserer Familie, der von diesem Unglück erfuhr und überbrachte Mutter die Nachricht von seinem plötzlichen Tod. Von dieser Zeit an war sie wie gelähmt. Oft fiel es mir schwer, sie zu verstehen, denn sie blockierte das Leben in sich selbst. Sie tätigte zwar die notwendigen Einkäufe und pflegte ihr Haus, doch ging sie, außer täglich zum Friedhof, nirgendwohin. Vaters Kleiderschrank und seinen Nachttisch ließ sie über Jahre unberührt. Ich riet ihr, Vaters Garderobe in die Altkleider-Sammlung der Caritas zu geben, doch Mutter hütete sie, als ob sie sich niemals davon trennen könnte.
Wenn ich versuchte, mit ihr über Vaters Abschied zu sprechen, blockte sie sofort ab. In ihrem Unverständnis, warum ihr der geliebte Mann genommen wurde, zog sie sich immer mehr zurück. Sie konnte auch nach Jahren mit seinem frühen Tod nicht fertigwerden, und es schien, als ob sie jegliche Fähigkeit zur Freude verloren hätte. Die sonst so schönen und heiteren Familienfeste, die meine Eltern früher mit viel Liebe und Einfühlungsvermögen gestalteten, fielen aus. Weihnachten, Ostern und die Geburtstage und Namenstage waren wie alle anderen Tage im Jahr. Mutter davon abzuhalten, täglich zum Grab von Vater zu gehen, war

auch nach Jahren nicht möglich. Ich hätte ihr so gern zur Seite gestanden und geholfen, wusste aber nicht, wie. Mutter lehnte sich bis zum Äußersten gegen ihr Schicksal auf und litt dabei entsetzlich. Doch Vater kam nicht zurück. Sie konnte den Herrgott nicht verstehen und lehnte sich auch gegen ihn auf, da er ihr das Liebste, was sie in dieser Welt besaß, meinen Vater, genommen hatte. Der Schock, den Mutter durch den plötzlichen Verlust bekommen hatte, war so tief in sie hineingedrungen, dass sie Vater nicht loslassen wollte und konnte.
Mit zunehmendem Abstand von dem schrecklichen Ereignis, das Mutters Seele durchschnitten hatte, begann sie nach ungefähr sieben Jahren, sich wieder zu finden und in das Leben und ihren Alltag zurückzukehren. Was war das für eine Freude, als Mutter eines Tages wieder aus vollem Herzen lachen konnte, weil die drückende Schwere von ihr abgefallen war! Wir beteten viel für Mutter im Verborgenen – ohne jemals mit ihr darüber zu sprechen.

Jesus sagte zu ihr (Maria von Magdala): Halte mich nicht fest; denn ich bin noch nicht zum Vater hinaufgegangen. Geh aber zu meinen Brüdern und sag ihnen: Ich gehe hinauf zu meinem Vater und eurem Vater, zu meinem Gott und zu eurem Gott.
(Johannes 20,17)

Scheue nicht vor der Bestimmung zum Tod zurück! Bedenke: Es trifft die vor dir und auch die Letzten nach dir! Dies ist die Bestimmung des Herrn über alles Lebende.
(Jesus Sirach 41,3–4a)

Ins Bodenlose fallen

Die Augen des Herrn ruhen auf denen, die ihn lieben; er ist ein machtvoller Schutzschild, eine starke Stütze, Schutz vor Hitze und Schatten am Mittag, Bewahrung vor dem Straucheln und Hilfe vor dem Fall; er richtet die Seele auf und die Augen, er schenkt Heilung des Lebens und Segen.

(Jesus Sirach 34,19–20)

„Hätte ich gewusst, welch heilende und die Seele stärkende Kraft das Sakrament der Versöhnung gerade in Krisenzeiten hat, hätte ich bestimmt während meiner Krankheit versucht, es zu empfangen. Starker Schwindel überfiel mich, und ich fühlte ständig, aus meiner eigenen Mitte heraus in ein bodenloses Etwas gerissen zu sein. Es fand unaufhaltsam eine angstmachende Bewegung statt, die mich allem Vertrauten und auch lieben Menschen gegenüber entfremdete. Dieser Zustand ohne Halt verschlimmerte sich von Tag zu Tag, sodass ich bereits die kleinsten Ereignisse negativ aufgeladen und als äußerst bedrohend empfand.
Das Schlimme an dieser progressiven Schwindel- und Angstsituation war, dass von den Ärzten keine Ursache festgestellt werden konnte, die Psyche aber entsetzlich litt. Wochen, ja, Monate der Qual vergingen, bis ein Krankenhausaufenthalt unabdingbar wurde. Eine Wirbelsäulenbehandlung und vor allem gute Gespräche und Medikamente vermochten es endlich, den rasenden Sog nach unten zu verlangsamen und zum Stillstand zu bringen.
Eine wesentliche Verbesserung des Zustandes erreichten jedoch erst die Gespräche mit einem Geistlichen, der sich viel Zeit für mich nahm. Durch ihn lernte ich langsam und schrittweise, mich mit meinem eigenen Körper auszusöhnen, den ich lange vernach-

lässigt und falsch behandelt hatte. Dazu war es notwendig, die Krankheit anzunehmen und sie mit allen Konsequenzen auszuleiden. Allmählich wurden mir die psychosomatischen Hintergründe bewusst, und ich bekam eine leise Ahnung von dem, was mir der Schöpfer vielleicht durch meine Psyche und durch meinen Körper sagen wollte. In einem wunderbaren Heilungsprozess lernte ich, die Krankheitssymptome als Ausdruck meiner Seele anzuschauen, mich jedoch nicht mehr von ihnen beherrschen zu lassen. Ich spüre, dass mich die Krankheit einmal zum Tod führen wird – weiß aber, dass ich mich deshalb nicht von ihr bestimmen lassen darf."

Amma Theodora sprach: „Es ist gut, die Herzensruhe zu pflegen. Ein besonnener Mann nämlich übt die Herzensruhe. Aber wisse: Wenn der Vorsatz auf die Herzensruhe gerichtet ist, dann kommt sofort der Böse und beschwert die Seele, in Unmut, in Kleinmut und Gedanken. Er beschwert auch den Leib mit Schwächlichkeit, Nachlassen der Spannkraft, Schlaffheit der Knie und aller Glieder, und er bricht die Kraft der Seele und des Leibes; und: ‚Weil ich krank bin, kann ich den Gottesdienst nicht besuchen.' Aber wenn wir wachsam sind, dann löst sich das alles auf. Da war ein Mönch, den erfassten, als er in den Gottesdienst gehen wollte, Frösteln und Fieberschauer, und im Kopf spürte er eine Spannung. Da sprach er zu sich: ‚Siehe, ich bin krank und es kann sein, dass ich sterbe. Ich will mich aufraffen, ehe ich sterbe, und in die Versammlung gehen.' Mit diesem Gedanken bezwang er sich selbst und besuchte den Gottesdienst. Als dieser zu Ende war, hörte auch das Fieber auf. Wieder einmal hielt er diesem Gedanken stand, kam in die Versammlung und überwand den Gedanken." (Apophthegmata Patrum, Weisung der Väter, Nr. 311, übersetzt von Bonifaz Miller)

Ist einer unter euch krank, dann rufe er die Ältesten der Gemeinde zu sich; sie sollen Gebete über ihn sprechen und ihn im Namen des Herrn mit Öl salben. Das gläubige Gebet wird den Kranken retten und der Herr wird ihn aufrichten; und wenn er Sünden begangen hat, werden sie ihm vergeben.
(Jakobusbrief 5,14-15)

Jesus, Sohn Davids, hab Erbarmen mit mir!
Da sagte Jesus zu ihm: Sei sehend! Dein Glaube hat dich gerettet.
(Lukas 18,38.42)

Näher, mein GOTT, zu dir

Religiosität

Das Wort ist ganz nah bei dir,
es ist in deinem Mund
und in deinem Herzen,
du kannst es halten.

(Deuteronomium 30,14)

Wahre Demut

Je größer du bist, umso mehr demütige dich
und du wirst vor dem Herrn Gnade finden!
Denn groß ist die Macht des Herrn,
von den Demütigen wird er gerühmt.
(Jesus Sirach 3,18.20)

„Ich habe ein Problem mit der ‚Demut'. Es gibt viel theoretische und philosophische Aussagen über die Demut, die mir bisher nicht weitergeholfen haben. Ich möchte gern in ihr Wesen eindringen und, ohne aufzufallen, eine wahre Herzensdemut einüben. Viele Menschen glauben von sich, demütig zu sein, doch bleiben sie in ihrem Stolz und ihrem Hochmut verhaftet. Sie haben zudem eine sehr hohe Meinung von sich selbst. Da, wo sie glauben, demütig zu sein, erhöhen Sie sich selbst. Meist suchen sie nur ihren eigenen Vorteil und brüsten sich noch damit, tugendhaft zu sein.
Wenn es auch schwierig ist, über die Demut zu sprechen, so stelle ich mir doch etwas ganz anderes darunter vor. Ich denke, nur der Mensch, der in der Lage ist, seinen eigenen Wesensgrund zu berühren, kann spontan lebenswahrhaftig und damit auch wahrhaft demütig sein. Nun stellt sich mir die Frage: Wie kann ich in diesen Wesensgrund hinabsteigen, in diese menschliche Tiefe, wo wahre Demut zur Wirklichkeit wird? Wenn Demut letzte Wahrhaftigkeit fordert, dann kann sie doch nur erreicht werden durch die Hingabe an Gott, im Erkennen meiner eigenen Grenzen und in der Erfahrung meiner äußersten Schwachheit.
Hier, wo ich wirklich schwach bin, kann meines Erachtens nur der wahre Boden für meine Demut liegen – nicht aber in einem Ideal. Doch wie erreiche ich einen Durchbruch in die Tiefe meiner

Schwachheit? Wie kann Verborgenes in mir aufgedeckt werden, damit es ans Licht kommt und damit in mein Bewusstsein? Ich ahne, dass das, was sich in mir offenbaren möchte, mit Sehnsucht nach Liebe zu tun hat. Der Aufbruch, der mich empfänglich und empfindsam für die Liebe Gottes macht, kann nur durch die Kraft des Heiligen Geistes erfolgen."

Ein junger Mönch bat seinen Altvater: „Sage mir ein Wort!" Und der Altvater sagte: „Bitte Gott, dass er dir Demut ins Herz lege. Achte auf deine Fehler und urteile nie über andere, sondern stelle dich unter alle anderen. Habe keine Freundschaft mit einem Knaben und keine intime Bekanntschaft mit einer Frau, habe keinen Häretiker zum Freund und vertraue nicht dir, sondern allein Gott. Beherrsche Zunge und Bauch, vom Wein genieße nur wenig. Und wenn jemand über irgendeine Sache schlecht redet, dann streite nicht mit ihm. Wenn er aber Gutes sagt, dann bejahe es. Das ist die Demut!" (nach Apophthegmata Patrum, Weisung der Väter, Nr. 523)

Doch er gibt noch größere Gnade; darum heißt es auch: Gott tritt den Stolzen entgegen, den Demütigen aber schenkt er Gnade. Naht euch Gott, dann wird er sich euch nahen!

(Jakobusbrief 4,6.8a)

Wenn es also eine Ermahnung in Christus gibt, einen Zuspruch aus Liebe, eine Gemeinschaft des Geistes, ein Erbarmen und Mitgefühl, dann macht meine Freude vollkommen, dass ihr eines Sinnes seid, einander in Liebe verbunden, einmütig, einträchtig, dass ihr nichts aus Streitsucht und nichts aus Prahlerei tut. Sondern in Demut schätze einer den anderen höher ein als sich selbst. Jeder achte nicht nur auf das eigene Wohl, sondern auch auf das der anderen.

(Philipperbrief 2,1–4)

Anziehungskraft der Liebe Gottes

Und ich, wenn ich über die Erde erhöht bin,
werde alle zu mir ziehen.
(Johannes 12,32)

Ich muss noch sehr jung gewesen sein, als ich ein „Wunder" bewusst erlebte, denn ich kann mich heute noch genau an die Einzelheiten erinnern. Niemand hat je mit mir darüber gesprochen. Wenn Mutter an der Nähmaschine arbeitete, setzte sie mich in gehörigem Abstand mit irgendeinem Spielzeug zu ihren Füßen auf den Teppich. Es war ein grobgeflochtener roter Kokosteppich, der sein Flechtmuster auf meinen nackten Knien hinterließ. Ich musste immer unendlich lange warten, bis sich das Wunderbare ereignete. Wenn Mutters Füße sich nicht mehr auf der Tretschaukel der Nähmaschine bewegten, wusste ich, dass sie bald ihre Näharbeiten beenden würde. Und dann geschah es: Mutter nahm ein gebogenes Eisen, zur Hälfte war es feuerrot angestrichen, und fuhr damit über den Boden – ohne ihn zu berühren. Alle heruntergefallenen Stecknadeln richteten sich, wie von unsichtbarer Hand geführt, plötzlich auf und sprangen an das Magneteisen. Das war der schönste und erhabenste Augenblick für mich, als alle Nadeln lebendig wurden. Ich staunte ...
Können nicht sowohl die magnetische Kraft als auch die Erdanziehung Symbole sein für die über allem stehende göttliche Kraft der Gnade? Sie möchte die gesamte Schöpfung und damit alle Menschen erreichen und das Schwere und Belastende leicht machen. Im Johannesevangelium spricht Jesus von dieser alles umfassenden Gnadenkraft, die heilen, erlösen und zum Vater führen möchte. Und ich, wenn ich über die Erde erhöht bin, werde alle

zu mir ziehen (Johannes 12,32). Christus möchte in universaler Breite alle Menschen an sich ziehen, die sich ihm öffnen und sich von ihm bewegen und führen lassen möchten.
Ich stelle mir vor – um noch einmal mit dem Bild aus meiner frühen Jugend zu sprechen –, dass sich die Nadeln trotz ihrer Schwerkraft aufrichten und der Kraft folgen, die sie anspricht. Befinden sich jedoch rostige und miteinander verhakte Nadeln auf dem Boden, werden sie nicht so leicht zu bewegen sein wie die rostfreien und die nicht untereinander verhafteten Nadeln. Sofern sich also der Mensch von der anziehenden Gnadenkraft Jesu Christi bewegen lässt, wird er in den Lebensbereich Gottes mit hineingenommen und aller widergöttlichen Kräfte entzogen: dem Bereich der Finsternis und des Todes.
Dies geschieht bereits bei der Erhöhung Jesu am Kreuz. Das sich über die Erde erhebende Kreuz weist über sich selbst hinaus und deutet damit den Aufstieg Jesu in die himmlische Welt und seine Verherrlichung an. Jesus Christus offenbart sich immerzu in seinem wahren göttlichen Wesen, indem er allen seine rettende und erlösende Gnadenkraft anbietet.

Er richtet seinen Kopf auf und viele staunen über ihn.
(Jesus Sirach 11,13)

Entreiß mich dem Sumpf, damit ich nicht versinke, damit ich meinen Hassern entkomme, den Tiefen des Wassers.
(Psalm 69,15)

Denn es gibt einen, der erniedrigt und der erhöht!
(Jesus Sirach 7,11b)

Einfach beten

Du aber, wenn du betest, geh in deine Kammer, schließ die Tür zu; dann bete zu deinem Vater, der im Verborgenen ist! Dein Vater, der auch das Verborgene sieht, wird es dir vergelten.
(Matthäus 6,6)

„Nach meiner kaufmännischen Ausbildung arbeitete ich mehr als zehn Jahre lang verantwortlich als Angestellter in einem Großunternehmen. Obwohl ich beruflich Anerkennung erfuhr, attraktive Aufstiegschancen hatte, ein gutes Gehalt bezog und reizvolle Tantiemen vereinbart waren, füllten mich meine Aufgaben letztlich nicht aus. Etwas Wesentliches fehlte mir; ich konnte es jedoch nicht definieren. Ich kündigte, um frei zu sein und meinen eigentlichen Platz im Leben zu finden. In ‚weiser' Voraussicht hatte ich über die letzten Jahre einen Teil meiner Einkünfte gespart, sodass ich mir sowohl eine ‚arbeitslose' Zwischenzeit als auch eine zweite Berufsausbildung erlauben konnte. Ich wusste eindeutig, was ich nicht wollte, und dass für meine berufliche Zukunft Finanzielles nicht ausschlaggebend sein würde. Über die Zeiten, in denen mir Äußerlichkeiten viel bedeuteten, war ich lange hinweg.
Heilsangebote verschiedener religiöser Gruppen interessierten mich. Ich schloss mich nacheinander einigen Bewegungen an, verließ sie jedoch wieder nach einigen Wochen oder Monaten, da ich mein christliches Erbe nicht frei leben konnte. Selbstverständlich war ich auch in einigen Klöstern zu Gast, vermisste jedoch eine liebevolle Mitmenschlichkeit und ein inneres Zur-Ruhe-Kommen, sodass ich mich letztlich auch hier nicht binden konnte. Also blieb ich allein. Eher durch Zufall entdeckte ich den Beruf des hauptamtlichen Diakons und fühlte mich von diesen Aufgaben

sofort angesprochen. Ja, dieses Amt kam genau meiner Sehnsucht entgegen. Da ich das nötige Alter und Berufserfahrung besaß, konnte ich sofort mit dem mehrjährigen Studium beginnen. Sowohl die theologischen Studien als auch die praxisbezogene Ausbildung absolvierte ich mit Erfolg, aber auch mit großer Freude und innerem Engagement.

Seit fast zwei Jahren bin ich nun Diakon in einer Großstadt-Pfarrei. Wie vielfältig und lohnend dieser Beruf sein kann, habe ich mir vorher nicht vorstellen können. Doch eines fehlt mir, etwas sehr Persönliches: Die erlernte Art zu beten, reicht mir nicht aus; manchmal sind die gesprochenen oder gedachten Gebetsworte für mich zu anstrengend. Ich habe während meiner Ausbildung zum Diakon nicht gelernt, einfach und ohne viel Worte so zu beten, dass ich innere Erfüllung und neue Kraft finde."

Als Priester, der schon weit über vierzig Jahre lang das „Ruhegebet" betet und lehrt, konnte ich nicht anders, als dem Diakon das Ruhegebet zu empfehlen. Es besteht aus einem Vers oder nur einem Wort aus der Heiligen Schrift, das innerlich mehrmals wiederholt wird. Der Wüstenvater Johannes Cassian (360–435) schrieb diese Gebetweise als Erster nieder. Er hatte sie wiederum von seinen Lehrern Evagrius Pontikus und Makarios dem Großen.

Alles, was ich dem Diakon über das Ruhegebet erzählte, saugte er auf wie ein Schwamm und sagte, dass er genau diese Gebetsweise gesucht habe, bei der kein Aufwand, keine Konzentration und keine Leistung notwendig sind. Da sich während der ersten Praxis dieses Betens gern Fehler einschleichen – wie zum Beispiel eine bewusste Atemführung oder generell der eigene Wille –, empfahl ich ihm, einen „Einübungskursus zum Ruhegebet" zu belegen. Wegen der hervorragenden Erfahrungen, die der Diakon machte und macht, ist er selbst zum Lehrenden des Ruhegebetes geworden.

Wenn ihr betet, sollt ihr nicht plappern wie die Heiden, die meinen, sie werden nur erhört, wenn sie viele Worte machen. Macht es nicht wie sie; denn euer Vater weiß, was ihr braucht, noch ehe ihr ihn bittet. So sollt ihr beten: Dein Wille geschehe wie im Himmel, so auf der Erde.
(Matthäus 6,7–9a.10b)

Da sagte Maria: Siehe, ich bin die Magd des Herrn; mir geschehe, wie du es gesagt hast.
(Lukas 1,38a)

Abba, Vater, alles ist dir möglich. Nimm diesen Kelch von mir! Aber nicht, was ich will, sondern was du willst.
(Markus 14,36)

Und Jesus rief mit lauter Stimme: Vater, in deine Hände lege ich meinen Geist.
(Lukas 23,46a)

Fürbittendes Gebet

Männer brachten auf seinem Bett einen Menschen, der gelähmt war. Sie wollten ihn ins Haus bringen und vor Jesus hinlegen. Weil es ihnen aber wegen der Volksmenge nicht möglich war, ihn hineinzubringen, stiegen sie aufs Dach und ließen ihn durch die Ziegel auf dem Bett hinunter in die Mitte vor Jesus hin.
(Lukas 5,18–19)

Während meiner Zeit als Wallfahrtsseelsorger in Kevelaer, einem Ort am Niederrhein, an dem Maria als „Trösterin der Betrübten" verehrt wird, gehörte die Krankenseelsorge im Marienhospital und die geistliche Betreuung der Bewohner von zwei Altenheimen zu meinen Aufgaben. In einem der beiden Seniorenheime begegnete mir eine feinsinnige ältere Dame, die wegen ihrer Lähmung ganz auf die Hilfe anderer Menschen angewiesen war. Sie hatte Vertrauen zu mir und erzählte mir viel aus ihrem Leben. Hatte ich etwas mehr Zeit und war das Wetter schön, fuhr ich sie in ihrem Rollstuhl durch den Park.
Ab der Hüfte war sie gelähmt. Dafür war ihr früheres Leben jedoch abwechslungsreich und bewegt. Wegen des Berufes ihres Mannes lebte sie mit ihm und den beiden Söhnen mehrere Jahre in Südamerika und später in Asien. Durch seinen Unfalltod wurde sie früh Witwe und zog mit ihren Kindern wieder zurück nach Deutschland. Hier nahm sie ihren früheren Beruf als Diplombibliothekarin wieder auf, um die Ausbildung ihrer Söhne bezahlen zu können. Während der Jüngere bereits als Physiker tätig war, studierte der Ältere immer noch vom Geld seiner Mutter. Wie sie mir unter Tränen erzählte, war er drogensüchtig und zog sich mit seiner Gitarre immer mehr in die Einsamkeit zurück.

Eines Tages erhielt sie die Nachricht, dass er sich das Leben genommen habe.
In unseren Gesprächen machte sie sich starke Vorwürfe, nicht genügend für ihren ältesten Sohn getan zu haben. Es bedeutete ihr eine Erleichterung, darüber zu sprechen und ihr Herz auszuschütten. Sie meinte, die Eindrücke der verschiedenen Länder hätten ihrem Sohn nicht gut getan, denn er hätte nirgends Fuß fassen können. Mit seinem Vater hätte er sich überhaupt nicht verstanden, und er wäre langsam verwahrlost, als sie wieder ihre frühere Berufstätigkeit aufnahm. Nach dem Tod ihres Mannes sei sie wie versteinert gewesen, gelähmt dem Leben gegenüber und früh gealtert. Ich spürte aus ihren Worten, welch ungeheure Last sie auf ihrer Seele trug. Sie hatte jetzt keine Kraft mehr und war auf andere angewiesen.
War nicht auch der Gelähmte, den Jesus heilte, ein Gefangener seiner Krankheit? Jesus gab ihn sich selbst zurück. Alle medizinischen Untersuchungsmethoden, die man seit Jahren bei dieser Dame angewandt hatte, ergaben keinen Befund. So wurde sie sich selbst überlassen und gepflegt so gut es ging. Die große seelische Not aber, in der die Kranke steckte, sah wohl niemand. Das gab mir zu denken.
Zur Heilung und Ganzwerdung des Gelähmten gehörte, dass Jesus ihm alles vergab, was nicht Recht war in seinem Leben, und ihn dann wieder auf seine eigenen Füße stellte, damit der Geheilte seine eigenen Wege gehen konnte. Das hatte er verlernt und sich wahrscheinlich auch unbewusst abgewöhnt. Sollte die körperliche Lähmung dieser Dame nur Ausdruck einer seelisch-geistigen Lähmung sein? Verdrängte Schuldgefühle können zur Lähmung eines Menschen führen, denn das Verdrängen unbewusster tragischer Erinnerungen kostet viel Kraft, die dann zur eigenen Lebensgestaltung fehlt. Man fühlt sich wie gelähmt, was

dann in Fleisch und Blut übergeht. Was der Betroffene nicht in Worte fassen und ausdrücken kann, zeigt er stumm durch körperliche Lähmungen.

Ich durchschaute damals als junger Kaplan nicht die tieferen Zusammenhänge zwischen der Seele und dem Körper und wusste nicht, dass seelische Probleme so drastisch in körperliche Symptome umgewandelt werden können. Für diese Dame, die mir sehr leid tat, betete ich viel und bot ihr wiederholt an zu beichten. Doch sie war verhärtet und auch dem Glauben gegenüber wie gelähmt. Ich glaube, wenn kein medizinischer Befund vorliegt, kann ein Arzt oder Priester nicht mehr tun, als den Kranken immer wieder vor die Füße Jesu zu legen.

In der Diözese Hildesheim bekam ich eine neue Stelle und nach Jahren besuchte ich einmal wieder Kevelaer und ging an die Orte zurück, die mir damals viel bedeuteten – so auch in das Seniorenheim zu der alten Dame. Sie war inzwischen in ein eigenes Appartement gezogen und öffnete mir – auf beiden Füßen stehend – die Tür. Ich konnte dieses Wunder nicht fassen. Was war geschehen? Durch die Oberin des Hauses hatte die Dame zu ihrem katholischen Glauben zurückgefunden und praktizierte ihn auch. Etwas ganz Wesentliches wurde ihr, da sie sich dem Herrn und den Menschen gegenüber öffnete, noch zusätzlich geschenkt. Zwischen ihr und einem älteren Herrn entwickelte sich eine tiefe Herzensfreundschaft. Sie verbrachten viel Zeit miteinander und spürten, dass sie sich unendlich viel zu sagen hatten und einander brauchten.

Wie die Träger, die den Gelähmten durch das geöffnete Dach vor Jesus herabließen, so hatte diese Dame durch ihren Glauben und die Liebe zu einem Menschen ungelebtes und aus Schuld verdrängtes Leben in sich ent-deckt und es zugelassen. Mit dem Selbstmord ihres Sohnes war sie selbst gestorben, doch durfte sie am Ende ihres Lebens bereits in dieser Welt durch Vergebung der Sünden, durch den Empfang der Eucharistie und durch die Liebe zu einem Partner Auferstehung erleben. Und dies geschah auch im wahren Sinne des Wortes: Sie konnte den Rollstuhl verlassen, weil ihre Lähmung schwand, und sie stand wieder auf ihren eigenen Füßen.

Als er (Jesus) ihren Glauben sah, sagte er: Mensch, deine Sünden sind dir vergeben. Ich sage dir: Steh auf, nimm dein Bett und geh in dein Haus! Und sogleich stand er vor ihren Augen auf, nahm das Bett, auf dem er gelegen hatte, und ging Gott preisend in sein Haus. Da gerieten alle außer sich; sie priesen Gott und sagten voller Furcht: Heute haben wir Unglaubliches gesehen.
(Lukas 5,20.24b–26)

Richte nicht

Du sollst nicht Falsches gegen deinen Nächsten aussagen.
(Deuteronomium 5,20)

Drei Jahre war ich Wallfahrtsseelsorger im Marienwallfahrtsort Kevelaer am Niederrhein. Diese pastorale Aufgabe erfüllte mich sehr, und ich bin dankbar für die vielen Menschen, die die heiligen Messen besuchten und die ich während der Beichte, in geistlichen Gesprächen und am Krankenbett begleiten durfte. Zu meinen Aufgaben gehörte auch die Krankenseelsorge.
Während der Wallfahrtszeit vom Frühjahr bis zum Herbst wurde viel gebeichtet, sodass ich an manchen Tagen acht Stunden und mehr im Beichtstuhl oder im Beichtzimmer saß. Manchmal dauerten die Gespräche oder der Zuspruch länger und die in der Schlange Wartenden wurden unruhig. Selbst wenn ich dies wahrnahm, störte es mich nicht, denn ich spürte die Verantwortung besonders, wenn aus der Beichte eine Lebensbeichte wurde.
Da meine Kaplansjahre in Kevelaer am Anfang meines priesterlichen Lebens standen, fehlte es mir noch an menschlicher und pastoraler Erfahrung. Von daher war es wohl zu verstehen, dass ich mich fragte: Was wird wohl das Vergehen sei, das am meisten begangen, bereut und gebeichtet wird?
Die Antwort schien mir klar zu sein: Verstöße gegen das sechste Gebot; der um ihrer selbst willen gesuchten geschlechtlichen Lust. Ich dachte darüber nach und es fielen mir Vergehen ein, die das sechste Gebot betreffen: Unkeuschheit, Selbstbefriedigung, Unzucht, Ehebruch, Pornografie, Prostitution, Vergewaltigung. Doch während der drei Jahre intensiver Beichterfahrung bestätigte sich diese Annahme nicht. Auch jetzt, nach fast vierzig Jah-

ren Gesprächs- und Beichterfahrung, komme ich zu demselben Schluss: Nicht Verstöße gegen das sechste Gebot sind die Sünden, die bei mir am häufigsten gebeichtet wurden und werden, sondern es sind Verstöße gegen das achte Gebot: Du sollst nicht falsch gegen deinen Nächsten aussagen (Exodus 20,16).
Erst langsam ging mir auf, welch verheerende Folgen es haben kann, wenn ich über andere etwas Schlechtes sage und in den Beziehungen zu anderen Menschen die Wahrheit verdrehe. Dass ein solches Verhalten eine tiefgreifende Untreue gegen Gott ist, wurde mir erst mit den Jahren bewusst. Je häufiger diese Sünde bekannt und bereut wurde, umso intensiver und differenzierter reagierte auch mein eigenes Gewissen, wenn es um ein schlechtes Reden und Denken über andere ging, um Vorurteile, um Schuldzuweisung, um Doppelzüngigkeit, Verstellung, Vortäuschung und Heuchelei. Ich habe nicht gedacht, was alles an Vergehen in dieses Umfeld gehört und dass in vielem die Ursünde durchleuchtet: sein wollen wie Gott. Der Mensch urteilt über andere und maßt sich dabei eine Haltung an, die einen anderen ungerecht schädigt. Wie vermessen ist manches Urteil ohne ausreichende Beweise! Wie rücksichtslos eine Verleumdung, die zu Fehlurteilen Anlass gibt! Wie rufschädigend ist eine üble Nachrede, die nicht existente Fehler oder Vergehen eines Mitmenschen in die Welt setzt!
Die Lüge drückt die Unwahrheit aus in der Absicht zu täuschen. Sie ist somit der unmittelbare Verstoß gegen die Wahrheit, die Gerechtigkeit und die Liebe. Die Lüge bewirkt eine Spaltung der Geister und alle Übel, die daraus hervorgehen. Sie untergräbt jegliches Vertrauen zwischen den Menschen und zerreißt das Netz gegenseitiger guter Beziehungen.

Richtet nicht, damit ihr nicht gerichtet werdet! Denn wie ihr richtet, so werdet ihr gerichtet werden und nach dem Maß, mit dem ihr messt, werdet ihr gemessen werden.
(Matthäus 7,1–2)

Auch die Zunge ist ein Feuer, eine Welt voll Ungerechtigkeit. Die Zunge ist es, die den ganzen Menschen verdirbt und das Rad des Lebens in Brand setzt; sie selbst aber wird von der Hölle in Brand gesetzt.
(Jakobusbrief 3,6)

Steter Tropfen

Er (dein Gott) wollte dich erkennen lassen, dass der Mensch nicht nur von Brot lebt, sondern dass der Mensch von allem lebt, was der Mund des Herrn spricht.

(Deuteronomium 8,3b)

„Die seelische Not ist schwerer zu ertragen als ein körperliches Leiden. Meine Tochter ist behindert. Sie lebt Tag und Nacht an meiner Seite. Und das geht schon seit ihrem dritten Lebensjahr so. Ihre mit zunehmendem Alter stärker werdende Behinderung ist das Resultat einer Hirnhautentzündung, die nicht rechtzeitig erkannt und somit zu spät behandelt wurde. Mit ihr zusammen zu sein, ist mir nach dem Tod meines Mannes noch mehr zu einer liebenden Gewohnheit geworden – trotz der Mehrarbeit, die auf mich zugekommen ist. Sie hat ihr kindliches Gemüt bewahrt und kann sich über kleine Dinge unbändig freuen.
Sorgen machen mir dagegen meine anderen drei Kinder. Mein Mann und ich haben versucht, sie religiös zu erziehen, und uns bemüht, ihnen Vorbild zu sein. Schon von klein auf beteten wir mit ihnen, nahmen sie mit in den sonntäglichen Gottesdienst und lasen ihnen zu Hause biblische Geschichten vor oder erzählten diese nach. Auch die Schulen, die sie später besuchten, legten Wert auf religiöse Erziehung.
Zu meinem großen Kummer jedoch muss ich heute mit ansehen, wie ihr Herz sich dem christlichen Glauben gegenüber verhärtet hat. Zur Kirche geht keiner, und zwei von ihnen haben sich nur standesamtlich trauen lassen. Meine Enkelkinder sind zwar getauft, doch meine Schwiegertochter vertritt den Standpunkt, dass die Kinder später selbst ihre Glaubensrichtung finden sollen. Wie

kann man aber etwas ‚Besseres‘ finden, wenn man nicht einmal eine einzige Glaubensrichtung kennt? Es fällt mir schwer, mich zurückzunehmen und allen die Freiheit zu lassen, die ihnen – wie sie sagen – so überaus wichtig ist.
Manchmal jedoch kommt es ansatzweise zu einem Gespräch. ‚Gott finden wir überall, da brauche ich nicht extra in die Kirche zu gehen.‘ Ich antworte: ‚Ja, aber wir bedürfen zusätzlich der Erinnerung an das, was seine Liebe für uns getan hat, weil wir so schnell alles Gute wieder vergessen und verhärten. Daher sollten wir immer wieder das Wort Gottes hören und das Gedächtnis Jesu Christi feiern.‘“
Die Mutter nahm meinen Rat an, stellvertretend für ihre Kinder und Enkel zu beten und ebenso stellvertretend für sie die heilige Messe zu besuchen und die Kommunion zu empfangen. Die Natur des Wassers ist weich, die des Steines hart – aber der Wasserkran, der sich über dem Stein befindet, lässt Tropfen um Tropfen fallen und durchlöchert den Stein. So ist auch das Wort Gottes weich, unser Herz aber hart. Wenn nun aber ein Mensch oft das Wort Gottes hört, dann öffnet sich sein Herz und wird empfänglich für die ihm entgegenkommende Gottesliebe.

Nein, das Wort ist ganz nah bei dir, es ist in deinem Mund und in deinem Herzen, du kannst es halten.
(Deuteronomium 30,14)

Denn es ist ihnen offenbar, was man von Gott erkennen kann; Gott hat es ihnen offenbart. Seit Erschaffung der Welt wird nämlich seine unsichtbare Wirklichkeit an den Werken der Schöpfung mit der Vernunft wahrgenommen, seine ewige Macht und Gottheit. Daher sind sie unentschuldbar. Denn obwohl sie Gott erkannt haben, haben sie ihn nicht als Gott geehrt und ihm nicht gedankt.
(Römerbrief 1,19–21a)

Gedanken fließen lassen ...

Die Waffen, die wir bei unserem Feldzug einsetzen, sind nicht irdisch, aber sie haben durch Gott die Macht, Festungen zu schleifen; mit ihnen reißen wir alle hohen Gedankengebäude nieder, die sich gegen die Erkenntnis Gottes auftürmen.
(2. Korintherbrief 10,4–5a)

„Seit sich mein Mann von mir getrennt hat, bin ich in einen Sog von Gedanken hineingekommen, die mich einfach nicht mehr loslassen. Ich habe eine sehr gute Gesprächstherapie hinter mir. Tiefere Ursachenzusammenhänge sind mir dadurch klar geworden – ebenso einige Schwachstellen, mit denen ich jetzt besser umgehen kann als früher. Meine Therapeutin ist sehr mit meiner Entwicklung zufrieden und hat mich jetzt auf den Weg geschickt, mein Leben allein zu meistern.
Die Flut der Gedanken jedoch ist nach wie vor unaufhaltsam, und ich frage mich, wie das weitergehen soll. In ihnen ist oft eine so fesselnde Kraft, dass ich nicht sie beherrsche, sondern mich von ihnen beherrscht fühle. Viele Methoden, die ich mir aus Büchern über das ‚positive Denken' angeeignet habe, sind bisher erfolglos geblieben. Durch meine berufliche Arbeit, die notwendige Hausarbeit und meinen Sport komme ich in eine gute Bewegung, die sich befreiend in mir auswirkt. Bin ich jedoch allein und untätig, werde ich sofort wieder von vielen besonders nach unten ziehenden Gedanken überfallen.
Was mich jedoch am meisten erschreckt: Auch im Gebet, das für mich lebenswichtig geworden ist, werde ich nicht frei von dieser rasenden Gedankenaktivität. Ebenso ergeht es mir in der heiligen Messe; ich möchte dabei sein, doch entdecke ich immer wieder, dass ich an etwas ganz anderes denke."

„Es ist gut, dass Sie eine Therapeutin aufgesucht haben und in den Gesprächen mit ihr Ursachenzusammenhänge erkannten. Aus meiner Erfahrung darf ich Ihnen sagen: Trotz allen Bemühens, von den dunklen Schatten in uns so viel wie möglich ans Licht zu bringen, bleibt ein Großteil von Eindrücken in uns unausgesprochen. So möchte ich Ihnen zwei Vorschläge machen. Obwohl Ihre Therapeutin Sie auf den Weg geschickt hat, jetzt Ihr Leben allein in die Hand zu nehmen, gehen Sie noch einmal zu ihr und berichten von den vielen Gedanken, die Sie ständig überfallen. Fragen Sie, ob Sie eine Anschlusstherapie bei ihr machen können.

Der andere Weg, der eine vorherige zweite Therapie nicht ausschließt, besteht in einer einfachen Gebetsweise, die sich Ruhegebet nennt. Wie bei jedem anderen mystischen Gebetsweg steht auch hier die Befreiung von dem, was nicht zu uns gehört, an der ersten Stelle. Ohne bewusst in den Prozess der Reinigung einzugreifen, lösen sich ungute Spannungen, die sich in der Regel als Gedanken jeglicher Art offenbaren. Im Gegensatz zu einer Gesprächstherapie steigen wir beim Ruhegebet nicht in die Gedanken ein, halten sie nicht fest und konzentrieren uns auch nicht auf sie.

Es ist kaum vorstellbar, dass durch völlige Ignoranz der kommenden Gedanken etwas Heilsames geschehen kann. Im Gebet verwende ich ein geheiligtes Wort, das ich sanft innerlich wiederhole und dabei unbeachtet die Gedanken kommen und gehen lasse, wie sie wollen. Durch, in und mit Christus wird allmählich der Weg in eine größere Innerlichkeit freigelegt und wir dürfen göttliche Ruhe erfahren. Wenn Sie diese alte christliche Gebetsweise erlernen möchte, darf ich Sie unbedingt bitten, mit Ihrer Therapeutin darüber zu sprechen und sie zu fragen, ob sie einen solchen geistlichen Weg für Sie für möglich hält."

Was dir geboten worden ist, das überdenke,
denn du hast keinen Bedarf an verborgenen Dingen!
Verwende keine Mühe auf außergewöhnliche Dinge,
denn mehr, als Menschen verstehen können, wurde dir gezeigt!
Denn ihre Mutmaßungen haben viele getäuscht
und übler Argwohn hat ihr Denken in die Irre geführt.
(Jesus Sirach 3,22–24)

Der Friede Gottes, der alles Verstehen übersteigt, wird eure Herzen und eure Gedanken in Christus Jesus bewahren.
(Philipperbrief 4,7)

Die BALANCE finden

Körper, Geist und Seele

Der Friede Gottes, der alles Verstehen übersteigt, wird eure Herzen und eure Gedanken in der Gemeinschaft mit Christus Jesus bewahren.

(Philipperbrief 4,7)

Kraft der Gedanken

Wenn Gott, der Höchste, es will,
wird er mit dem Geist der Einsicht erfüllt:
Er bringt eigene Weisheitsworte hervor,
und im Gebet preist er den Herrn.
(Jesus Sirach 39,6)

Eines Tages – Mutter war bereits über achtzig Jahre alt – bat sie mich um ein Gespräch unter vier Augen: „Ich möchte wissen, ob ich mir das alles nur einbilde oder ob doch etwas Wahres daran ist. Erst jetzt im Alter werden mir in Bezug auf mein Verhalten Zusammenhänge klar, die ich eigentlich schon längst hätte erkannt haben müssen. Es fällt mir nicht leicht, darüber zu reden, da ich unredliches Verhalten von mir offenbaren muss, das eigentlich der Vergangenheit angehört. Vielleicht bezeichnet man mich als Fantastin, da das Phänomen, das mich beschäftigt, nicht rein rational zu erfassen ist. Ich erinnere mich an eine Begebenheit, die sich am Ende des zweiten Weltkriegs ereignete. Damals habe ich jedoch nicht verstanden, was sie mir sagen wollte.
Um aus Bernburg an der Saale, wo ich als Rote-Kreuz-Schwester stationiert war, nach Hause zu kommen – die Russen waren bereits auf dem Vormarsch –, bediente ich mich einer Unwahrheit. Die Züge nach Westen waren überfüllt, und es wurden nur Mütter mit kleinen Kindern und Kranke befördert. Als Rote-Kreuz-Schwester hatte ich guten Kontakt zu den Ärzten. Ich ließ mir testieren, dass ich lungenkrank sei, und fand einen Transport, der mich mitnahm. Nach langer und anstrengender Fahrt zu Hause angekommen, überfiel mich eine derart starke Lungenentzündung, die mich an den Rand des Todes brachte.

Und ich habe kaum etwas daraus gelernt. Inhalte unwahrer Entschuldigungen, die ich vorbrachte, wurden zur schmerzhaften Wahrheit. Spätere sogenannte Notlügen, Ausreden oder Halbwahrheiten, verschafften mir zwar momentan Erleichterung, doch holen sie mich jetzt ein und fordern Klärung. Ja, heute ist es so, dass ich mich sehr davor hüten muss, jemandem etwas Schlechtes zu wünschen oder negativ von ihm zu denken. Ich habe mir nicht vorstellen können, welche Kraft die Gedanken haben. Das Wunderbare ist: Wenn ich sie zum Guten einsetze – zum Beispiel, wenn ich für jemanden bete –, darf ich einer unterstützenden und heilenden Wirkung sicher sein. Und das nicht nur bei mir, sondern auch bei anderen Menschen."

Ich war sehr dankbar, dass Mutter ein so großes Vertrauen zu mir hatte und mir von ihrer Erfahrung mit der „Kraft der Gedanken" und der „sich selbst erfüllenden Prophezeiung" berichtete. Indem sie ihre Geschichte vor mir ausbreitete, wurde ihr klar, dass sie bereits unbewusst die richtigen Konsequenzen daraus für ihr eigenes Leben gezogen hatte.

Ein Bruder fragte einen Altvater: „Glaubst du wohl, mein Vater, dass die heiligen Männer es erkennen, wenn die Gnade in sie kommt?" Der Altvater antwortete: „Sie erkennen es nicht immer. Denn als einmal der Schüler eines großen Greises in irgendeiner Sache gesündigt hatte, schrie ihn der erzürnte Alte an: ‚Geh und stirb!' Und auf der Stelle fiel jener hin und starb." Als der Altvater sah, dass jener gestorben war, ergriff ihn eine ungeheure Angst, und in großer Demut flehte er den Herrn an und bat: „Herr Jesus Christus, erwecke ihn wieder, und nie wieder will ich jemals eine solche Rede sagen." Und als er das gesagt hatte, stand der Schüler sofort wieder auf. (Apophthegmata Patrum, Nr. 1092. Aus der lateinischen Überlieferung von H. Rosweyde)

Erschaffe mir, Gott, ein reines Herz
und einen festen Geist erneuere in meinem Innern!
Verwirf mich nicht vor deinem Angesicht,
deinen heiligen Geist nimm nicht von mir!
Gib mir wieder die Freude deines Heils,
rüste mich aus mit dem Geist der Großmut!
(Psalm 51,12-14)

Ich gebe ihnen ein einmütiges Herz und einen neuen Geist gebe ich in euer Inneres. Ich entferne das Herz von Stein aus ihrem Fleisch und gebe ihnen ein Herz von Fleisch, damit sie meinen Satzungen folgen und meine Rechtsentscheide bewahren und sie erfüllen.
(Hesekiel 11,19–20a)

Geheimnis der Vorsehung

Erbitte dir ein Zeichen vom Herrn, deinem Gott, tief zur Unterwelt oder hoch nach oben hin!
(Jesaja 7,11)

Allen großen und einschneidenden Ereignissen gehen Zeichen oder Vorankündigungen voraus. Ich war Mitte Zwanzig und verbrachte zwei Wochen der Herbstferien zusammen mit meinem Vater auf einem Boot, das im Hafen von Travemünde lag. Vater fuhr leidenschaftlich gern zur See und genoss alles, was uns begegnete – das Meer, den blauen Himmel, den Nachthimmel und wie die Sterne über dem Hafen funkelten. Am Tag fuhren wir auf die Ostsee und Vater angelte Makrelen, die er als Mittagessen wundervoll in Butter gebraten zubereitete. Ich hatte eine Reiseschreibmaschine mitgenommen und schrieb an meiner Diplomarbeit im Fach Psychologie. Selten habe ich mit Vater so gute Gespräche geführt – tags an Deck oder abends beim Schein der Petroleumlampe in der Kajüte. Vater, Ende Fünfzig, war zeitlebens ein aktiver Mann, der nach der Zerstörung durch den Krieg viel auf die Beine gestellt hatte. Jetzt aber war genügend Zeit da für uns beide ...

Das Boot hatte zwei Kajüten; in der einen schlief Vater, in der anderen ich. Eines Nachts sehe und höre ich eine Pendeluhr. Sie hängt an der Wand und das Pendel geht seinen gewohnten Rhythmus. Auf einmal wird die Uhr größer und kommt auf mich zu. Das Pendel schlägt schneller und schneller und das Geräusch des Schlagens wird immer lauter – unerträglich laut, hektisch und schrill. Alles geschieht außerordentlich schnell – bis ganz plötzlich das Pendel mit einem ohrenbetäubenden Lärm aufhört zu schlagen. Ich muss entsetzlich geschrien haben, denn Vater saß kurz darauf auf meinem Bettrand, hielt meine Hände und beruhigte mich. Ich hatte ihm nicht viel zu erzählen, nur von der Uhr, die mich so entsetzlich aufgeschreckt hatte. Doch dann überkam mich das sichere Gefühl, dass Mutter etwas passiert sein müsse. Sie war lieber zu Hause geblieben, als auf einem engen Boot Tage und Nächte zu verbringen. Vater versprach mir, gleich am Morgen Mutter anzurufen, um sich nach ihrem Befinden zu erkundigen. Er beruhigte mich und mahnte, mich nicht zu viel mit Psychologie auf einmal zu befassen.

Als ich am nächsten Morgen Mutters fröhliche Stimme hörte, erzählte ich ihr nichts von der Uhr. Ich musste Vaters Bedenken recht geben. Es folgten erholsame Tage an Bord unter strahlender Sonne auf bewegter See und kühle Nächte unter sternklarem Himmel. Ich war jung, und wahrscheinlich gehört es dazu, dass man Unangenehmes schnell vergisst.

Nur kurze Zeit nach unserer wunderbaren Bootsreise schellte es mittags, und an der Tür stand mein Onkel, der uns die Nachricht von Vaters Unfalltod brachte. Vater war an diesem Sonnabend schon früh morgens zur Ems gefahren, um zu angeln. Auf der Rückfahrt – niemand hat es gesehen – ist er mit seinem Auto in einer leichten Rechtskurve vor einen Baum gefahren. Er muss sofort tot gewesen sein – vielleicht war es auch ein Herzschlag, als er noch fuhr ...

In meiner Not besuchte ich um sechs Uhr die Frühmesse und weinte. Tief innen hatte ich ein Gefühl, als ob ich all das schon einmal durchlitten hätte. Hat Gott, der liebende Vater, mich im Voraus gestärkt, um die Wirklichkeit ertragen zu können? Ich bin fest davon überzeugt, dass es so war, wenngleich die Stärkung mir den Schmerz über den Verlust von Vater nicht genommen hat.

Erschreckt nicht vor den Zeichen des Himmels, wenn auch die Völker vor ihnen erschrecken!
(Jeremia 10,2)

Der Herr stand ihnen bei und bekräftigte das Wort durch die Zeichen, die es begleiteten.
(Markus 16,20)

Süchtig sein

Selig der Mann, der in der Versuchung standhält. Denn wenn er sich bewährt, wird er den Kranz des Lebens erhalten, der denen verheißen ist, die Gott lieben. Keiner, der in Versuchung gerät, soll sagen: Ich werde von Gott in Versuchung geführt. Denn Gott lässt sich nicht zum Bösen versuchen, er führt aber auch selbst niemanden in Versuchung. Vielmehr wird jeder von seiner eigenen Begierde in Versuchung geführt, die ihn lockt und fängt.
(Jakobusbrief 1,12–14)

„Wir wären längst zusammengezogen und meine Tochter Katja hätte endlich wieder eine Mutter, wenn Birgit nicht immer darauf bestünde, ihre eigene Wohnung zu behalten, um sich zeitweise zurückzuziehen. Es geht mit unserer kleinen Familie, nach der ich mich nach der Trennung von Katjas Mutter so sehne, drei bis vier Wochen gut, bis Birgit mir plötzlich unberechtigte Vorwürfe macht, mich beschimpft und schlimme Dinge von sich und anderen behauptet, die meines Erachtens jeder Wirklichkeit entbehren. Katja schmiegt sich dann eng an mich und weint. Sie kann nachts nicht schlafen, hat keinen Hunger mehr und versagt in der Schule. Ich versuche zu verbergen, dass es auch mir schlecht geht und ich am liebsten davonrennen möchte. Ich bekomme heftige Magenkrämpfe und beginne, an mir zu zweifeln.
Monate vergingen in diesem Auf und Ab, und es stellte sich schließlich heraus, dass Birgit turnusmäßig ein bestimmtes Gift rauchte, das sie sich in Holland besorgte. Sie zog sich dann in ihre eigene Wohnung zurück und gab sich dieser Sucht hin. Ihr die Verantwortung aufzuzeigen, die sie sich und ihrer neuen Familie gegenüber hat, reichte nicht aus, sie von diesem Rauchen

abzuhalten. Auch der drohende Verlust des Arbeitsplatzes änderte bisher bei ihr nichts."

Es stellt sich die Frage, vor der viele Menschen stehen: Was kann man tun, um einen geliebten Menschen von einer Sucht abzuhalten, ihn zu befreien und ihn vor dem Untergang zu retten?

Wenn ein Mensch sich zu einer Verfehlung hinreißen lässt, so sollt ihr, die ihr vom Geist erfüllt seid, ihn im Geist der Sanftmut zurechtweisen. Doch gib Acht, dass du nicht selbst in Versuchung gerätst!

(Galaterbrief 6,1)

Wenn auch im Galaterbrief von Sanftmut gesprochen wird, so darf man bei Suchtkranken nicht darunter verstehen, sie zu lassen oder sie gar in ihrer Sucht zu unterstützen. Die Sucht ist eine Krankheit, die in der Regel von dem betroffenen Menschen nicht als solche gesehen wird. Daher bedeutet Liebe in diesem Fall auch, mit sanftem oder stärkerem Druck vorzugehen.

Großer Zorn ist eine trunksüchtige Frau; sie kann ihre Schande nicht verbergen.

(Jesus Sirach 26,8)

Weder Kraut noch Wundpflaster machte sie gesund, sondern dein Wort, Herr, das alles heilt.

(Weisheit 16,12)

Sich finden

Dann brach er auf und ging zu seinem Vater. Der Vater sah ihn schon von Weitem kommen und er hatte Mitleid mit ihm. Er lief dem Sohn entgegen, fiel ihm um den Hals und küsste ihn.
(Lukas 15,20)

Es hatte für mich immer etwas Faszinierendes und gleichzeitig Aufregendes, wenn mein Vater mich fragte – und das kam sehr selten vor –, ob ich mit ihm allein eine Wanderung unternehmen möchte. Er merkte, wie sehr ich ihn in meinen kritischen Jahren als Junge zwischen 15 und 20 brauchte. Einerseits fühlte ich mich stark von ihm angezogen, andererseits aber auch wieder abgestoßen. Wenn wir so nebeneinander hergingen, hatte ich das starke Gefühl, jeden Augenblick würde etwas Wesentliches geschehen, etwas, das mich treffen könnte. Um nicht in Schwierigkeiten zu geraten und mich zu schützen, hielt ich mich zurück und schwieg. Und Vater, der mich gerufen hatte, um eine nötige Stärke für einen inneren Aufbruch bei mir zu entwickeln, tat das Gleiche: Er schwieg.

Ich hatte in diesen Augenblicken Angst vor ihm, denn ich fühlte deutlich, dass seine Erfahrungen gereifter und weitaus vollkommener waren als die meinen. Obwohl äußerlich und durch Worte nichts geschah, ließ er mich reifes Mitgefühl spüren. Selbst meinem Berufswunsch gegenüber, der in keiner Weise seinen Vorstellungen entsprach, blieb er nicht gefühllos oder unbewegt. Vater hatte einen klaren Blick und die Fähigkeit, die Dinge genauso zu sehen, wie sie waren. Immer neu versuchte er, weise und behutsam mein Inneres zu erreichen. Doch gerade dann lehnte ich ihn ab und war umso mehr bestrebt, mir unabhängig von ihm einen Platz in der Welt zu schaffen und mich zu behaupten. Meine Absage an ihn und mein extremes Suchen nach unabhängiger Identität müssen ihm sehr wehgetan haben. Ich war unfähig, die Umarmung und die Liebe meines Vaters zu empfangen, die er für mich schweigend bereithielt. Und er hätte so gern mit mir Kontakt aufgenommen, Fragen gestellt und von mir beantwortet bekommen. Und er wollte so gern, dass ich tragfähiger und meine Seele robuster würde, damit sie die Bürde des Erbes tragen konnte …

Ich litt noch viele Jahre unter diesem Zwiespalt: Vater, ja – Vater, nein! Erst als ich 25 Jahre alt war, öffnete sich mein Herz, aber auch mein Mund für ihn. Ich erinnere mich, dass Vater mich eines Tages fragte: „Wie empfindest du mich? Und ich sage dir, wie ich dich sehe.“ Es bedurfte keiner langen Überlegung und ich sagte zu ihm: „Du bist stark und lebenstüchtig und hast eine edle Gesinnung, aber du bist mir ein wenig zu rau.“ Vaters Antwort ließ nicht lange auf sich warten: „Du bist gut und ich mag dich sehr, aber weichlichen Sinnes.“

Wir konnten über alles reden und er verstand mich und ich ihn. Dies geschah einige Monate vor seinem Autounfall, der tödlich ausging. Ich bin unendlich dankbar, dass wir uns noch so kurz vor seinem Tod vom tiefsten Seelengrund her gefunden und verstanden haben.

Wer den Sohn verwöhnt, verbindet seine Wunden,
bei jedem Schrei ist sein Innerstes bestürzt.
Stirbt der Vater, ist es, als wäre er nicht tot,
denn er hat einen, der ihm ähnlich ist, zurückgelassen.
(Jesus Sirach 30,7.4)

In Tat und Wort ehre deinen Vater,
damit sein Segen über dich kommt!
Denn der Segen des Vaters festigt die Häuser der Kinder.
Rühme dich nicht durch Entehrung deines Vaters,
denn die Entehrung deines Vaters gereicht dir nicht zum Ruhm!
Denn der Ruhm eines Menschen kommt von der Ehre seines Vaters.

(Jesus Sirach 3,8–9a.10–11a)

Ruhe finden

Lasst nicht nach in eurem Eifer, lasst euch vom Geist entflammen und dient dem Herrn! Freut euch in der Hoffnung, seid geduldig in der Bedrängnis, beharrlich im Gebet!
(Römerbrief 12,11–12)

„In einem Benediktinerkloster besuchte ich einen Kursus zur Einübung in das Ruhegebet. Dort in der Stille und weit weg von meinem Zuhause spürte ich bereits nach kurzem Üben eine tiefe Ruhe in mir und war frei von störenden Gedanken. Ich habe die tiefe Ruhe um mich herum und in mir wahrhaft genossen. Ehrlich gesagt habe ich nicht daran geglaubt, dass so etwas bereits nach zwei Tagen möglich ist. Doch jetzt, wo ich wieder voll in meinen Alltag eingespannt bin, ist nicht mehr viel von dieser wunderbaren Ruhe zu spüren, und beim Üben reiht sich ein Gedanke an den anderen. Ich habe wohl nicht richtig verstanden, wie ich während des Ruhegebetes mit den aufsteigenden Gedanken umgehen soll. Ich nahm Kontakt mit dem Kursleiter auf, der mir Folgendes riet: ‚Wenn Sie Erwartungen an das Ruhegebet haben, sind Sie in gewisser Weise bereits blockiert und nicht mehr offen für den, der uns seinen Willen und seine Liebe kundtun möchte. Gehen Sie daher immer wieder unbekümmert und vorbehaltlos in das Gebet. Als Erstes wird durch das Ruhegebet der Weg frei gemacht für eine Begegnung des Himmels mit der Erde. Sie erfolgt an dem geheimsten Ort der Schöpfung, in Ihrer Seele. Haben Sie Geduld – wie auch der Schöpfer unendliche Geduld mit uns hat. Wenn Sie auch das Empfinden haben, dass nichts mit Ihnen geschieht, so geschieht doch viel. Kommen Gedanken während des Ruhegebetes, so schenken Sie ihnen keine Aufmerksamkeit, damit sie nicht Gewalt über Sie gewinnen.

Geben Sie immer dem Gebet den Vorrang und lassen die Gedanken kommen und gehen. Jegliche Anstrengung, die Gedanken zu verdrängen, ist fehl am Platz und entspricht nicht dem Ruhegebet. Wenden Sie sich immer wieder dem Gebet und damit der Anrufung Gottes zu, werden die Gedanken von selbst schwinden. Wenn Sie Ihr Beten nicht als solches erleben, so geschieht doch gerade während des Ruhegebetes etwas sehr Wesentliches. Der Weg in eine größere Glaubenstiefe und damit in die Nähe Gottes wird von Schlacken befreit, um die Liebe des Schöpfers zu uns neu empfangen zu können. Bewerten Sie daher Ihr Ruhegebet nicht subjektiv; Sie werden sich damit in einem oberflächlichen Bereich aufhalten, und das, was wirklich geschieht, offenbart sich Ihnen nicht. Oft bedarf es einer längeren Zeit des Schweigens und Stillseins, bis sich kleine Dosen an Gutem addieren und in unserem Bewusstsein ein Aha-Erlebnis auslösen. Wir wissen niemals vorher, was geschehen wird, und gerade das macht das Ruhegebet zu einem geistlichen Abenteuer."

Komme ich nach Hause, dann werde ich bei ihr (der Weisheit) ausruhen; denn der Umgang mit ihr hat nichts Bitteres, das Leben mit ihr kennt keinen Schmerz, sondern nur Frohsinn und Freude.
(Weisheit 8,16)

Bittet und es wird euch gegeben; sucht und ihr werdet ihr finden; klopft an und es wird euch geöffnet! Denn wer bittet, der empfängt; wer sucht, der findet; und wer anklopft, dem wird geöffnet.
(Matthäus 7,7–8)

Und dies ist die Zuversicht, die wir zu ihm haben, dass er uns hört, wenn wir etwas erbitten, das seinem Willen entspricht.
(1. Johannesbrief 5,14)

Literatur

Apophthegmata Patrum. Weisung der Väter. Eingeleitet und übersetzt von Bonifaz Miller. Sophia. Quellen östlicher Theologie. Band 6. Freiburg 1965.

Apophthegmata Patrum. Lateinische Überlieferung. Vitae patrum und Verba seniorum von H. Rosweyde. In: Patrologia, Series Latina. Herausgegeben von J. P. Migne. Paris 1878-1890.

Peter Dyckhoff: Ruhegebet. Stuttgart 2015.

Peter Dyckhoff: Bete ruhig. Illertissen 2016.

Hieronymus: Brief an Furia. In: Texte der Kirchenväter. 1. Band. München 1963.

Kinder- und Hausmärchen gesammelt durch die Brüder Grimm. 2 Bände. München und Hamburg 1961.

Textnachweis

Bildnachweis